슐라이어마허의 미학

[원전의 도서 정보]

원저자: 슐라이어마허 (Friedrich Daniel Ernst Schleiermacher, 1768-1834)
원제: Vorlesungen über die Ästhetik
원전 편집자: Holden Kelm
원전 출처: Schleiermacher, Kritische Gesamtausgabe, II. Abteilung, Bd. 14 (Berlin: De Gruyter, 2021)

슐라이어마허의 미학

1819년 강의 및 1832/33년 강의 난외 주석

Schleiermacher

프리드리히 슐라이어마허 지음

최신한 옮김

동연

옮긴이의 글

이 책은 슐라이어마허의 "1819년 미학 강의"와 "1832/33년 강의 난외 주석"을 옮긴 것이다.[1] 슐라이어마허는 베를린대학교에서 1819년, 1825년, 1832/33년, 이렇게 세 차례에 걸쳐 미학 강의를 했다. 1825년과 1832/33년 강의는 1819년 강의에 토대를 두고 있어서 난외 주석 이외에는 내용상의 변화가 없다. 강의 노트 형태로 남겨진 이 책과 더불어 수강생이 작성한 일곱 종류의 필사본이 남아 있다.

미학과 예술철학은 학창 시절부터 슐라이어마허의 지속적인 관심사였다. 그는 할레대학교 에버하르트(J. A. Eberhard) 교수를 통해 미학 이론을 처음 접했으며 만년에 이르기까지 여러 형태의 미학 관련 글을 남겼다. 슐라이어마허는 예술 장르 중에서도 문학과 음악에 특별한 관심을 보였으며 호머, 오비드, 베르길리우스, 레싱, 괴테를 탐독했다. 1808년부터는 베를린 성악 아카데미의 첼터(C. F. Zelter) 교수에게 테너 레슨을 받기도 했고 오페라와 콘서트 공연을 즐겨

---

1 F. D. E. Schleiermacher, KGA II. Abt. Bd. 14 (Berlin/New York, 2021), 37-157.

보았다.

『삶의 가치에 대하여』(1793)는 심미적 감정을 오성 규칙과 일치시키려는 당시의 예술 이론을 비판하고 개인의 미적 감정을 강조한다. 『프리드리히 슐레겔의 '루친데'에 대한 친밀한 편지들』(1799/1800)은 초기 낭만주의 관점에서 자유로운 연애와 사교성을 향한 열정을 미학적으로 옹호한다. 『종교론: 종교를 멸시하는 교양인을 위한 강연』(1799)은 추상적 교리의 저편에서 '예술 종교'를 정립하고 예술과 종교의 교호성을 강조한다. 대화편인 『성탄 축제』(1806)는 음악과 종교의 관계를 잘 드러내는데, 이러한 기조는 "예술의 진정한 실행은 종교적이다"라는 명제로 이어진다(『윤리학 초고』 Brouillon zur Ethik, 1805/06).

이 책의 제1부는 보편적, 사변적 부분으로서 예술의 본질을 다룬다. 미학은 예술적 생산성에 토대를 두는 예술적 산출 이론이다. 이러한 관점에서 미학을 윤리학의 원칙에서 도출한다. 말하자면 예술의 실행은 감정에 토대를 두는 개인의 활동성이다. 예술 활동성의 세 가지 계기는 자극(Erregung), 원형 형성(Urbildung), 작품 표현(Ausbildung)이다. 삶에서 감정의 자극은 언제든 있을 수 있으나 자극을 직접적으로 표현한 것은 예술이 될 수 없다. 직접적 표현에는 아무런 예술적 척도가 없기 때문이다. 그러므로 감정의 자극과 예술 표현 사이에 숙고 활동이 매개되어야 한다. 예술 표현이 아름다운 것은 그 기초적 완전성과 유기적 완전성의 결합이 척도를 가진 예술의 이상에 부합할 때다. 예술은 감정의 자극을 척도에 부합하게 표현한 것이다. 그러므로 슐라이어마허의 미학은 형식 미학(칸트)이 아니며 현대에 등장한 수용 미학도 아니고 예술적 산출을 강조하는 생산 미학이다.

제2부는 무언극, 음악, 건축, 조각 등 개별 예술들을 다룬다. 예술적 지각이나 사고를 직접적으로 전달하는 것은 불가능하며, 전달을 위해 기호와 표시가 요구된다. 몸짓과 소리는 자연적 기호로서 무언극과 음악을 형성한다. 감각적 인상에 근거하는 기호는 조각과 미술을 형성하고, 언어적 기호는 표상을 표현하는 시문학을 형성한다.

1819년 강의 노트에서 마지막 강의는 제64강이지만, 여러 기록을 종합하면 강의는 73강까지 진행한 것으로 추측된다. 이를 통해 미술과 시문학이 강의 노트에서 누락된 이유를 짐작할 수 있다(수강생의 필사본은 모든 장르의 예술을 상세히 기록하고 있다).

슐라이어마허의 미학은 독일고전철학의 미학 담론에서 가려져 있었다. 주로 헤겔과 셸링의 미학을 다룬 것은 우리 학계뿐만 아니라 독일 사계(斯界)에서도 마찬가지였다. 전집에 수록된 『미학』의 편집자 오데브레히트(R. Odebrecht)와 딜타이, 그리고 단첼(W. Danzel)과 찜머만(R. Zimmer mann)이 미학 연구를 이어갔으나 큰 영향사를 형성하지 못했다. 그러나 슐라이어마허의 미학은 크로체를 통해 이탈리아와 프랑스에 알려졌다. 베네데토 크로체의 『표현학과 일반 언어학으로서의 미학』2 및 『슐라이어마허의 미학』3이 그것이다.

『슐라이어마허의 미학』은 칸트, 셸링, 헤겔의 미학과 구별되는 고유한 요소를 담고 있다. 인간의 능력 가운데 감정, 직관, 직접적 자기의식을 강조한 사상이 미학 논의에도 상세하게 펼쳐져 있다. 이러한 배경에서 다른 철학자의 미학에 거의 등장하지 않는 무언극에 관한 논의 및 이와 관련된 음악 해석이 특징적이다.

슐라이어마허의 미학에 관한 한 황무지와 같은 현실에서 이 책을 흔쾌히 출판해 준 '도서출판 동연'의 김영호 대표님에게 심심한 사의를 표한다.

2025년 11월

최신한

---

2 Benedetto Croce: Aesthetik als Wissenschaft des Ausdrucks und allgemeine Linguistik. Theorie und Geschichte, aus dem Italienischen übersetzt von Karl Federn, Leipzig 1905.

3 Benedetto Croce: „L'esthétique de Schleiermacher, in: Revue de métaphysique et de morale, Nr. 41, 1934, 327-341.

차 례

미학
(1819년 강의)

미학*

서론**

1. 미학의 이름은 지각(Empfindung) 이론을 의미하며, 따라서 논리학에 대립한다.[1] 감각(sinnlich) 이론과 도덕 이론은 미학에서 배제되는

---

* 아리스토텔레스는 모방(mimesis)에도 불구하고 미학에서 조형예술을 배제한다. 아리스토텔레스는 『시학』에서 비극에 나타난 배우의 역할놀이와 연관하여 예술의 모방적 토대를 탐구한다. *Aristoteles: Poetik* 1460a-1460b 참조(1984년 Meiner 판의 난외 주). 미학의 첫 번째 진보는 칸트를 통해 이루어졌다. 주관적으로 인식할 수 없는 것이 아닌 것, 목적 없는 합목적성(실러가 말하는 예술에 대한 소박성과 감상성). 철학의 두 부분을 전체로 연결하는 수단. 리스트를 고찰해 보면 자연과 예술에 대한 동일한 관계는 의심스럽다. 미학의 두 번째 진보는 피히테에게 나타났다. 예술은 직업이며 미적 감각의 교육이다. 그러므로 예술은 교육에서 사라진다. 셸링은 조형예술을 자연 이론에서 구성하려는 단순한 경향을 보인다. 세 번째 진보는 절대정신을 지향하는 헤겔에게 나타났다. 그럼에도 절대정신은 등장하지 않으며 무규정적 다신론으로 분산되었다. 이것은 부자유한 파토스를 향한 열광이다.

** 1819년 4월 19일 개강. 매주 5시간. 1825년 4월 11일 개강, 매주 5시간.

1 일반적으로 일반 미학과 특수 미학을 구별하며, 화자(話者) 미학과 시인 미학, 즉 아름다운 담화예술 이론을 구별한다.

데,[2] 양자는 실천적이며 행위에서 출발하기 때문이다. 그러므로 미학의 본래 대상은 (아직 설명되지 않았지만) 아름다움에 대한 만족이다.[3] 그러나 미학이라는 사실을 이러한 측면에서 다루는 것은 부당했다. 아름다움이 대부분 인간의 활동성을 통해 만들어진다면[4] 산출 결과와 수용은 같은 것이다. 생산성과 수용성은 오로지 등급에 의해서만 다르다. 그러므로 우리는 대상을 보다 크고 강한 특징에서 파악해야 한다. 우리가 인상에 대한 직관을 지향한다면 여기서는 오로지 취미판단만 형성된다.[5] 그러나 취미판단 자체는 산출을 가능하게 하는 감춰진 맹아이므로 이것은 산출로부터 형성되어야 하며 산출을 매개로 형성되어야 한다. 우리가 지각을 작용이 아니라 목적으로 간주한다면,

---

2 (역자주) 감각을 행위로 간주하는 것은 슐라이어마허의 독특한 주장이다. 감각은 감각에 행사하는 사물의 행위를 수동적으로 받아들인다는 것이다.

3 (역자주) 슐라이어마허는 바움가르텐이 주장하는 '논리학에 대립하는 미학' 개념을 끌어온다. 바움가르텐은 라이프니츠와 크리스티안 볼프의 강단철학과 비판적으로 논쟁하면서 미학을 감각적 인식의 학으로 발전시킨다.

4 (역자주) 슐라이어마허는 여기서 칸트의 『판단력 비판』을 암시한다. "취미는 아무런 관심 없이 만족 또는 불만족을 통해 대상이나 표상 방식을 판단하는 능력이다. 이러한 만족의 대상을 아름답다고 부른다." (KdU B 16; Kant, AA 1/V, 210-211)

5 (역자주) 슐라이어마허는 바움가르텐이 주장하는 '논리학에 대립하는 미학' 개념을 끌어온다. 바움가르텐은 라이프니츠와 크리스티안 볼프의 강단철학과 비판적으로 논쟁하면서 미학을 감각적 인식의 학으로 발전시킨다. 칸트의 『판단력 비판』 참조(KdU B 4; Kant AA 1/V, S. 203). "취미판단은 인식판단이 아니며, 따라서 논리적이지 않고 미학적이다. 사람들은 취미판단을 그 규정 근거가 주관적일 수 있는 것으로 이해한다."

예술 일반은 예술가가 아무런 지각 작용 없이 일어나는 취미를 위해 작업한다는 데까지 타락하게 된다. 예술가는 취미를 자극한다. 예술가가 현존하는 취미를 위해 작업한다는 선에 이르러 절도를 잃게 되면 예술은 새롭게 출발해야 한다.

이러한 순환은 예술가와 전문가의 상호 관계를 통해 양자를 독자적으로 고찰해야 한다는 데서 나온다고 말할 수 있다. 그러나 아름다움은 원래 자연에 주어져 있다. 이렇게 근원적으로 소여(所與)되어 있는 것은 예술가와 전문가를 형성하기 때문에 우리는 이러한 근원적 소여로 되돌아가야 한다.

그러므로 아름다움이 인간의 자유로운 산출이라면 아름다움을 고통(πάθημα)의 형식에서가 아니라 행위 형식에서 찾아야 하며, 그렇기에 예술 이론에 대해 질문해야 한다. 그러나 아름다움의 원천을 자연에서 본다면 우리는 아름다움의 개념을 더 많이 탐구해야 한다.

2. '예술이 자연의 모방인가'라는 물음은 아직 최종적으로 결정될 수 없다.[6] 그 이유는 아름다움의 개념과 예술의 개념이 아직 적절하게

---

6 (역자주) 슐라이어마허는 예술의 아름다움이 자연의 모방 원리에서 나오는지를 묻는 당시의 논의와 관계한다. 이러한 논의는 아름다운 예술의 통일성을 아리스토텔레스의 모방 개념과 연관하여 설명한 C. Batteux에서 시작한다. K. P. Moritz는 자연미로 환원될 수 없는 예술미의 창조자가 인간이라는 입장을 내세우며, Hegel은 인간이 의식적으로

규정되어 있지 않기 때문이다. 그러나 지금까지 시도된 모든 방식에 따라 이루어진 잠정적 답변은 이 두 개념을 우연적인 방식으로 규정하는 것보다 낫다. 건축술에서는 식물 유기체가 원형(Urbild)으로 거론된다. 그렇지만 이것은 억지 주장이며 기껏해야 개별적인 부분에만 들어맞을 뿐이다. 본래 건축술이 산출하는 것의 원형은 자연 가운데 존재하지 않는다. 춤에 나타나 있는 무언극(무언연기술, Mimik)은 원래 [자연 속의] 원형과 그 모방이 조용한 전이를 통해 매개된 예술이다. 정열을 표현하는 예술가는 실제로 감동하는 사람의 모범이며 그 반대는 아니다. 실제로 감동하는 사람은 고상하고 아름답게 감동할 때 예술가이기는 하지만 빈약한 의식을 소유한 예술가일 뿐이다.

음악은 다른 피조물의 소리를 모범으로 갖지 않는다. 인간은 다른 피조물과 똑같이 독창적으로 노래한다. 다른 피조물에서 보이는 자연의 소리는 인간의 예술 능력을 향하는 점진적 상승일 뿐이다. 이러한

산출하는 예술미를 자연미와 구별한다. 원문 40쪽 참조 Charles Batteux: *Einschränkung der schönen Künste auf einen einzigen Grundsatz*, übers. und erl. von J. A. Schlegel, Leipzig 1770 (Original: ders.: *Les beaux-arts réduits à un même principe*, Paris 1746) 참조. 자연미로 환원될 수 없는 예술미의 창조자가 인간이라는 입장은 자율성 미학의 한 현상이며, 이는 모리츠의 책에서 범례적으로 발견된다. Karl Philipp Moritz: *Über die bildende Nachahmung des Schönen*, Braunschweig 1788. G. F. W. Hegel: *Vorlesungen über die Philosophie der Kunst (1826)*, Nachschrift Griesheim (GW 28,2, S. 529-532, 579) 참조.

관점은 조형예술에서 가장 확정적으로 드러난다. 그러나 인간은 자연에 나타나 있는 형식과 다른 형식을 만들지 않는다. 인간은 자연에 나타나 있는 형식을 타고난다. 다만 사고 일반의 불충분한 경험적 관점은 이러한 예술-관점을 지속하게 할 수 있다. 그러나 이러한 형식에 담긴 아름다움은 자연을 오로지 산발적이고 절제된 모습으로만 산출한다. 그럼에도 인간은 예술을 산출하는 원리에 속하는 추구 원리와 총괄 원리를 소유해야 한다. 따라서 우리가 이러한 견해를 받아들이더라도 이것은 인간 안에 내재하는 예술 지향성을 직접적으로 추구하게 한다.

우리의 탐구는 무엇보다 예술론이 될 것이다. 아름다움의 개념은 예술론의 진행에서 저절로 전개되어야 한다. 이에 앞서 예술과 예술론에 대해 우리가 이해하고 있는 것을 나누는 것이 필요하다. 예술론은 일반적으로 직관의 소여(所與)를 전제한다. 이 전제에 대한 숙고가 도달한 가장 일반적인 결론은 인간의 본성 가운데 원래 예술을 향한 노력이 있었다는 것이다. 이와 마찬가지로 개별적인 문제들, 즉 개별 예술가들이 어떻게 이런 것과 저런 것을 산출하는지, 산출의 결과는 어디에 기인하는지에 대한 결과에 도달한다. 사변적인 것과 경험적인 것을 완전히 나눌 수 없다. 중요한 것은 사람들이 이 둘을 어떻게 다루느냐는 것이다.

3. 우리는 일반적으로 개별을 보편에 종속시킨다. 양자의 경계를 아무런 자의 없이 규정하는 것은 쉽지 않다. 예술가들은 소재와 도구 등을 다루는 데 소용되는 기술적 규정을 항상 아무런 사변적 원칙 없이 가질 수 있다. 그런데도 우리는 사변적 원칙을 전적으로 배제할 수 없다. 왜냐하면 사변적 원칙에 대한 지식 없이는 아무런 비평도 할 수 없기 때문이며, 그런데도 비평의 원칙을 세워야 하기 때문이다. 각각의 예술 안에 있는 다양한 장르와 스타일을 건너뛰거나 무시해서는 안 된다. 왜냐하면 개별 예술은 오로지 그 장르와 변경에서만 이해될 수 있기 때문이다. 그러나 이 장르와 변경에도 기술적인 것으로 적용된 측면이 있다.

주안점은 예술 간의 상호관계이다. 예술들의 필연적 연관에 대한 물음은 감각기관에 대한 예술의 관계로 이어진다. 말하자면 이 물음은 우리가 사변적 자연과학의 미분적 부분과 마주치게 되는 감각기관의 필연적 연관으로 이어지며 그래서 아주 고상한 것으로 이어진다.[7] 모든 예술의 동일성은 또 다른 초점이다. 예술적 노력의 윤리적 의미는 전반적으로 우리의 중심 탐구에 속하나, 이를 넘어서는 우주론적

---

7 (역자주) 슐라이어마허는 여기서 Schelling과 H. Steffens의 자연철학을 생각했을 수 있다. 원문 42쪽 참조. F. W. J. Schelling, *Ideen zu einer Philosophie der Natur*, Leipzig 1797; Henrich Steffens, *Grundzügen der philosophischen Naturwissenschaft*, Berlin 1806.

의미도 있다. 예술세계는 결과이다. 예술세계는 사물의 계열로 들어서며 그래서 세계정신과 관계한다. 이것은 우리가 아직 개별적 암시로 도달할 수밖에 없는 예술과 자연의 연관에 대한 또 다른 상위적 형태의 물음이다.

또 다른 어려움은 이론적인 것과 역사적인 것의 태도이다. 사람들은 이 둘을 수많은 분과에서 결합하려고 하며 특히 실천적 견해가 지배적인 분과를 찾는다. 그러나 역사적 세목이 클수록 이론적 연관은 더 손상된다. 역사적 처리는 사변적 처리를 전적으로 배제할 수 없다. 사변적인 것이 완전히 차단되면 역사는 죽는다. 사변적 처리가 역사적 처리를 배제하는 반대의 경우는 별로 없다. 왜냐하면 본질 자체는 모든 차이 가운데서 연속적으로 전개되기 때문이다. 예술은 불완전하게 시작하며, 특정한 장르와 스타일도 주로 특정한 시기를 받아들인다. 여기서도 경계는 자의적으로만 정해질 수 있다.

전체 분과는 지금의 모습과 같이 예술의 백과사전으로 여겨질 수 있으며 백과사전적인 것이 보여주는 온갖 불확실성을 소유하고 있다. 백과사전적인 것을 질료의 발췌로만 간주하는 사람은 이를 전혀 이해하지 못한다. 항상 형식적인 것이 중심점이어야 한다. 그러나 [질료와 형식의] 혼합은 구성될 수 없다. 따라서 예술에 대한 접근이 그만큼 빗나가기도 한다.

4. 이와 마찬가지로 우리가 예술을 어떤 범위에서 받아들이려고 하는가 하는 물음이 등장한다. 본래의 예술 영역을 벗어나면 인간적 산출 결과에서 보이는 예술 일반은 우연으로 나타난다. 일부는 장식이며 일부는 의상이나 용기의 사례에서처럼 그 자체로 우연적 형식을 위한 규정 근거로 나타나는데 결국 무한히 작은 것으로 분산된다. 여기서 기계적 예술을 아름다움에서 분리하는 것은 도움이 안 된다. 왜냐하면 우리는 창작의 비(非)기계적인 면모를 논하기 때문이다. 물론 본래적 예술 영역에 병존하는 비본래적 예술 영역이 있다. 하지만 둘 사이에 경계선을 긋는 일은 어렵다. 왜냐하면 어떤 사람은 본질에 따라 건축술을 아름다운 예술로 생각하지 않으나, 다른 사람은 아름다운 예술이 기둥과 부대설비 같은 개별 부분을 산출하며 건축의 모든 관계를 규정해야 한다고 생각함으로써 건축술이 [예술의] 형식적 중간 고리를 형성하기 때문이다.

더 나아가 모든 인간적 활동성은 최고로 완성될 때 학문적 저술이나 국가의 헌법, 사교적 축제와 같이 예술로 나타나는 것을 발견한다. 이것은 비본래적인 것으로 불릴 수도 있다. 왜냐하면 이들 사례는 원래 전혀 다른 것을 의도할 수 있기 때문이다. 그러나 [본래적 예술과 비본래적 예술이라는] 구별은 유지될 수 없다. 그렇지 않다면 예술은 최고봉에 놓여야 할 것이며 쉽게 고립될 수 있을 것이다.

학문적 저술에서의 예술은 언어의 수사학적 처리에만 있지 않으며 전체 구성을 관류해야 한다. 좀 더 상세하게 고찰한다면 예술이-되려는-의지는 이미 처음부터 작동하고 있으며 다만 지각되지 않을 뿐이다. 이 의지를 지각하지 못하는 이유는 우리가 불완전성을 통해 우리 자신을 깨부숴야 하기 때문이다. 결국 모든 존재에 대해 '전체 세계는 예술 작품'이라고 말할 수도 있다. 세계가 우리에게 예술 작품으로 보이지 않는 것은 우리의 불완전한 직관과 편견적인 고찰 때문일 수 있다. 창조와 예술은 본질적 상관항이다.

인간이 예술에서 창조적인 것처럼 신은 창조에서 예술적이다. 이러한 신적 예술의 만족은 늘 인간을 다시금 예술적으로 자극하는 인간의 최고 규정으로 고찰되었다(영원 음악과 계시 시학 참조). 모든 것은 이렇게 신적 예술의 무한한 통일성으로 해소된다.

우리는 지금까지 잠정적으로 일어났던 것을 파악하면서, 그리고 예술에 나타난 통일성과 다양성의 대립을 우리가 수행하는 구성 작업의 중심점으로 삼으면서 오로지 잠정적인 방식으로만 경계를 규정할 수 있다.

그럼에도 우리는 이러한 상대적 대립을 통해 인간적 예술을 신적 예술과 분리하지만, 경계 규정과 무관하게 양자를 분리하지는 않는다. 우리가 통일성을 오로지 다양성에서 파악하고 다양성을 오로지 통일성을 통해서만 이해하려고 함으로써 본래적인 중심 영역을 다양성으로 잠정 정립한다. 전적으로 공통적인 요소가 등장할 수밖에 없는 통일성을 다룰 때, 비본래적인 것은 우리가 올바른 것을 발견했는지 그 여부를 시험할 수 있다. 다양성은 우리를 개별 예술 이론으로 이끌어 갈 수 있다. 우리는 개별 예술 이론을 오로지 통일성을 위해 다루기 때문에 우리는 오로지 개별적인 예술 규칙으로 들어간다. 이때 우리는 이 규칙에 들어있는 사변적 내용을 따를 수 있다. 다시 말해서 여타의 모든 것을 실행 예술가에게 맡기고 동일성을 따르거나 다른 예술과의 평행론을 따른다.

5. 경계 구분의 원칙에는 배열이나 배치의 원리도 있다. 위에서 말한 대립으로부터 두 가지의 주요 부분이 나온다. 첫째는 예술의 동일성과 관계하는 사변적 부분이며, 둘째는 그 차이와 관계하는 경험적 부분이다. 각각의 부분에서 하나는 다른 것과 관계한다. 이 책의 제1부는 예술 활동성을 인간의 다른 활동성과 연관하여 파악함으로써 주로 예술의 윤리적 의미를 다루어야 한다. 예술 활동성은 동시에 예술 작품의 상관항이므로 우리가 잠정적으로 아름다움으로 부르는 일반적인 객관적 예술 요소가 함께 발견되어야 한다. 윤리적인 지점에서 발견된 것은 꼼꼼히 검토되지 않고 잠정적으로 등장하는 역사적 소여(所與)에서도 설명되어야 한다. 제1부에서 다양한 예술의 분과를 파악하는 구분 근거를 발견함으로써 사변적 부분과 경험적 부분을 연관시키고 통일하는 가교가 건축되어야 한다. 몇몇 사람은 모든

걸 구성하려고 하는 반면 다른 이들은 아예 아무것도 구성하려고 하지 않음으로써 현재 커다란 논쟁점이 대두되어 있다.[8] 이는 반드시 회피해야 할 두 가지 한계점이다. 양자 사이에서 순수 학문적 태도를 인식해야 하며, 각자는 이를 자신의 관점으로 환원해야 한다.

제2부는 구분 근거의 척도에 따라 개별 예술을 다룰 것이다. 구분 근거와 관련이 없는 것은 그것이 구성될 수 없는 이유를 가설적으로 설정함으로써 그것과의 유사성에 따라 구분되어야 한다. 이것이 적게 구성될수록 구분 근거는 더 많이 입증된다. 주안점은 일반적이고 기초적인 개념을 특수 예술의 성격에 따라 전개하는 일이다. 각각의 예술을 중심 장르로 구분하는 작업에서 구성할 수 있는 것과 구성할 수 없는 것이 같은 정신에서 구별되어야 한다.

---

8 (역자주) 칸트 이후 예술철학의 상황 참조. 셸링의 예술철학은 사변적-구성적 체계로 간주될 수 있다. "구성은 절대자 안에서의 서술이다. 따라서 예술의 구성은 절대자 안에 있는 사물의 형식에 관한 서술이다."(Schlosser의 예나 강의 노트) 괴테는 예술들의 융합에 이의를 제기한다. "예술의 몰락을 보여주는 가장 두드러진 표시는 다양한 방식의 예술을 뒤섞는 것이다. … 진정한 예술가의 위엄은 … 예술가가 작업한 예술 과목을 다른 과목과 분리하고 모든 예술과 예술 방식을 각각의 자리에 세우고 이들을 가능한 한 고립시키는 것을 아는 데 있을 것이다." J. W. Goethe: Propyläen) 원문 44쪽 참조 (Johann Wolfgang Goethe: Propyläen, Ersten Bandes Erstes Stück, Tübingen 1798, S. XXIV-XXV; WA I,47, S. 22-23).

제1부 ｜ 일반적 사변적 부분

6. 윤리적 보조정리. 대립의 해소와 재산출의 왕복운동으로 규정되는 인간의 세계 관계에서 나오는 인간적 기능의 구성. 여기서 대립은 존재와 의식의 대립 및 이상성과 실재성의 대립이다. 실재를 이상성으로 형성하는 인간은 인식하는 기능을 갖는다면, 이상을 실재성으로 형성하는 인간은 조직화하는 기능을 갖는다.[9] 인간은 조직화하는 기능을 통해 사물을 자신과 통합하며, 인식하는 기능을 통해 자신을 사물과 통합한다. 재산출은 인식함과 조직화 행위가 끝날 때 저절로 정립된다.

둘째로 이 두 기능 아래에서 펼쳐지는 인간의 관계에 대해서도 고찰해야 한다. 모든 사람이 갖는 자연의 동일성과 각 개인이 갖는 인격의 고유성은 함께 정립되어 있다. 앞서 언급한 대립이 순수하지 않고 모든 실제적 삶의 계기에 인식 활동과 조직 활동이 공존한다고 하더라도 고유성은 동일한 자연에 첨가되지 않는다. 이와 반대로 고유성은 모든 존재 가운데서 고유하게 형태화하는 자연 자체이며

---

9 (역자주) 슐라이어마허는 『윤리학』(Ethik 1812/13)에서 상대적 대립을 개인적 활동과 동일적 활동의 대립, 상징화하는 활동(인식 활동)과 조직화하는 활동(형성 활동)의 대립으로 구별한다. Schleiermacher: *Ethik 1812/13*, hg. v. Hans-Joachim Birkner, Hamburg 1990, S. 23-30 참조.

고유성 자체도 스스로 동일성을 현시한다. 더 나아가 인간은 다른 모든 존재와 공존하면서 자신을 상대적으로 완결된 삶으로 내세우는 본성을 갖는다. 말하자면 모든 존재 가운데서 스스로 동일성과 고유성으로 관계하는 인간의 두 가지 기능이 있다.

이러한 도식이 보편적인 것이 아니라 인간의 고유성을 어떻게 포함하는지를 더 보여주어야 한다. 인간이 완전히 돌출하는 최초의 의식이라는 사실은 명백하다. 이전에는 타자가 특정한 대립자로 형성되지 않았다면 지금은 인식과 조직화의 순환이 오로지 인간 가운데서 일어난다. 이와 마찬가지로 고유성도 인간 가운데 강하게 등장할 뿐 아니라 그 속에서 내면적인 것으로 정립된다. 더 나아가 그 어떤 인간의 활동성도 이 도식 바깥에서 생각할 수 없다는 것은 분명하다. 왜냐하면 인간의 실재적 측면으로 진입하지 않는 활동성이 있어야 할 것이며, 또는 아무것도 상상하지 않는 상상이 있어야 할 것이기 때문이다. 따라서 이러한 도식 안에서 예술 활동성의 마당을 추구하는 과제가 발생한다.

7. 인식하는 기능에는 먼저 언어의 상관항과 함께하는 지식이 있다. 우리는 이 지식을 보편타당하게 생각하며 모든 차이를 해소하려고 한다. 우리는 지식에 맞서 고유성이 마치 최소치처럼 관계한다는 사실도 전제한다. 이 자리에서 우리는 사유를 언어로 서술하는 시문학

을 정립하려고 할 수 있다. 한편으로 오로지 시문학만 있을 수 있으며, 이러한 지점으로부터는 예술에 대한 보편적 개념을 획득할 수 없을 것이다. 다른 한편으로 좀 더 상세하게 고찰해 보면 시문학의 고유성은 여기서 자리를 차지할 수 없다는 것을 알게 된다. 역사와 서사시의 구별이 있다. 서사시는 기록된 인식을 묘사하지 않고 [내용을] 자유롭게 산출한다. 그러니까 우리는 여기서 그 자체를 정점의 예술로 만방에 드러낼 뿐 고유한 예술로 드러내지 않는 예술을 주로 발견한다.

조직화하는 기능에는 먼저 기계적인 것이 있다. (우리는 이행[移行]을 통해 동일성에서 차이로 상승하는 것을 발견한다.) [여기서] 사람들은 주어진 재료로 작업하는 조각을 낱낱이 열거할 수 있다. 그러나 조각이 형성한 것은 도구가 되지 않는다. 그리고 인간은 [도구와 같은] 다른 활동성과 접촉하지 않는다. 우리는 여기서 예술이 기계적인 것에 기대는 것과 같은 아주 우연으로서의 예술만을 발견한다.

이제 우리는 방향을 바꾸어서 원래 고유한 것을 찾아내야 한다. 인식하는 기능에는 감정이 놓여있다. 감정은 인식도 한다. 감정은 세계 안에 있는 인간의 관계에 대한 의식이다. 감정의 고유성과 양도 불가능성은 인정된다. 지식이 언어를 통해 표현하는 것처럼, 감정은 소리와 운동을 통해 표현한다. 우리는 여기서 음악과 무언극이라는 두 예술의 자연적 기원을 발견한다. 심지어 예술적인 것과 몰(沒)예술적인 것이 아주 인접해 있다는 것은 우리가 이 지점에서 그냥 지나칠 수 없는 사실이다. 왜냐하면 구성할 수 없는 것을 날카롭게 대립시키지 않기 위하여 우리는 절대자로부터 구성하려고 하지 않으므로 (다른 경우라면 유사한 것의 차이일 테지만) 몰예술적인 것과 예술적인 것 간의 차이로부터 구성하는 것 말고 다른 수단을 갖지 못하기 때문이다.

우리가 이 문제를 실마리로 삼아야 하지만, 잊지 말아야 하는 것은 우리가 개별 예술만을 소유한다는 것, 그리고 여기 발견된 차이를 일반화할 수 없다면 비슷한 방식으로 다른 예술의 개별적 공간을 처음으로 찾아내야 한다는 것이다. 다른 예술의 개별적 공간을 찾아내야 할 때, 우리는 다시금 구분 근거를 발견하기 위하여 더 높은 곳으로 올라가야 할 것이다. 그러니까 최초의 구분 근거가 가장 유리한 것일 수 있겠으나 점점 더 조심스럽게 접근해야 한다.

이 영역에서 몰예술적인 것과 예술적인 것에 똑같이 내적 자극이 있으며, 내적 자극의 표현은 같은 것이 된다. 그러나 몰예술적인 것에는 척도와 규칙이 없다. (기쁨에 겨워 도약하고 분노가 치밀 때 사방으로 날뛰고 놀랄 때 소리를 지르는 등) 예술적인 것에는 척도와 변화가 있으며 이를 통해 노래와 춤이 나온다. 척도와 변화가 있는 곳에는 내적 형태와 원형이 있는데, 이것은 양자의 실행에 선행하며 자극과 실행 사이에 등장한다. 그러므로 예술은 여기서 열광과 신중함의 동일성이다. 열광 덕분에 내적 자극에서 표현이 나오며, 신중함 덕분에 원형에서 표현이 나온다.

8. 몰예술적인 것은 자극과 표현의 직접적 동일성이다. 자극과 표현은 전적으로 동시적이며, 몰의식적 결속을 통해 통합된다. 하나는 다른 하나와 함께 시작하고 소멸한다. 이런 이유로 사람들은 자극은 표현 가운데서 소멸할 뿐 다른 행위로 이어지지 않는다고 말한다. 측정할 수 없고 규칙이 없는 표현에 대한 성찰이 이어진다고 하더라도 이것은 다음 계기에 부정적으로 작용할 뿐이며 특정 형태를 만들어낼 수는 없다. 그러나 이러한 성찰은 측정할 수 없는 것과 투박한 것을 완화한다. 이 사이에 생각이 적극적으로 끼어들면 이 생각이 인접해서 일어난다 해도 자극과 표현은 각각의 계기로 서로 분리된다. 그러므로 예술의 영역에서 자극과 표현의 직접적 동일성은 필연적일 뿐만 아니라 그 자체가 근본적으로 지양된다고 말해야 한다. 표현은 직접적으로 오로지 원형에만 관계하는 것이다. 이러한 추론에 반해 예술을 습작하는 사람은 결코 자극적 상태에 있을 수 없다는 반론이 제기된다. 왜냐하면 표현은 원형을 통해서 원형 자체가 생겨나는 자극의 계기에 간접적으로만 관계하기 때문이다. 그런데 자극과 표현의 분리를 통해 통일성과 다양성에 관련된 두 계기의 상대적 대립 가능성이 이러한 관계 안으로 등장한다. 말하자면 표현이 수많은 자극 계기와 관계할 수 있으며 반대로 자극 계기가 표현의 다양성에 관계할 수 있다.

몰예술적인 것에서는 자극 계기가 직접적으로 작용하거나, 자극 계기가 약하거나 아예 없을 때도 있다. 실제로 많은 표현은 [자극 계기와 유비적이고 유사하나 실제적 연관성은 없다. 그러나 이 사이에 생각이 등장하면, 자극 계기는 곧바로 나타나지 않는 조성(造成, Urbildung)에 영향을 미칠 수 있다. 자극 계기가 곧바로 나타나지 않음에도 불구하고 자극 상태가 지속되면 이로부터 두 번째 조성이 일어날 수 있다. 두 번째 조성은 첫 번째 조성과 완전히 분리되거나 더 큰 전체로 융합되어 표현된다. 두 번째 조성은 자극 계기가 지속될 때 자유로운 표현이 두 개의 자극 계기에 관계하는 제3의 유비적 계기를 통해 일어날 수 있다. 우리의 예술 영역에서는 이것을 민속축제에서 직관할 수 있다. 여기서 표현은 시간에 따라 제멋대로 나타나지만, 축제의 시간은 내적으로 축적된 원형성을 위해 사전에 마련해 둔 방면(放免)의 마당이다. 여기서 자극 계기와 관계한다는 것은 모든 표현이 하나의 특정한 감정 특징에 관련되는 데서 나온다. (복합적일 경우에는 특정한 감정 특징이 금방 사라진다. 모든 표현은 한편으로 근원적인 것을 더 이상 담아내지 못하며, 다른 한편으로 표현된 것에서 근원적인 것을 재인식하기 위하여 보다 숙련된 기관을 요구한다.) 이러한 보고에 맞서, 언어가 사고에 관계하는 것처럼 소리와 몸짓이 전달할 수 없는 고유한 감정에 관계하면 표현은 원래 이해 불가한 것일 수밖에 없다는 반론이 제기된다.[10] 언어를 특정 한계 안에서 아주 다양한 등급에서 이해할 수 있다

---

10 비이해의 영역.

하더라도 이 대립은 상대적일 뿐이며 실제로는 대립하는 항이 늘 통합한다. 위에서 말한 감정의 표출은 삶의 진정한 동일성이 완전히 연관되어 발생할 때만 이해할 수 있다. 그러나 특정 등급의 감정 표출은 공통의 특유함을 토대로 할 때 이해 가능한데, 이것은 대부분 자연적 민족성의 경우에 보인다. 감정은 유사성이 감소하는 경계 밖에서는 이해할 수 없고 낯설게 된다.

9. 지금까지의 논의를 총괄하면, 이 영역에서의 예술 활동성은 자극(Erregung), 조성(造成, 원형 형성 Urbildung), 완성(Ausbildung)이라는 세 가지 상이한 계기로 이루어진다. 여기서 예술의 본질은 이 모든 계기에 균등하게 토대를 두는가 하는 물음이 발생하며, 이는 개별적으로 탐구되어야 한다.

9.1 자극이 결핍되면 조성 능력이나 창작(Erfindung) 능력, 유기적 능력이 남는다. 우리는 이것이 어떻게 가능한지를 알 수 없다. 그 이유는 우리가 창작 능력을 독자적으로 찾아냈다기보다 오로지 자극과의 연관에서 찾아냈기 때문이다. 어떤 경우에도 자극은 전적으로 결핍될 수 없다. 따라서 자극이 전적으로 결핍되면 근원적 열광이 없고 창작 능력과 노련한 솜씨만 지배하는 예술의 변형이 등장한다. 자극 이외에 창작 능력까지 결핍되면 유기적 숙련성은 기계적으로만 습득되고 낯선 창작 재능에만 도움을 줄 수 있다. 결국 예술은 점차

기계적인 것으로 사라진다.

9.2 창작 능력이 결핍되면 자극과 유기적 숙련성이 몰예술적인 것을 만들어낸다는 생각이 등장할 수밖에 없다. 다만 예술이 형성되었던 공동체 삶의 연관에서는 몰예술적인 것이 유지될 수 없다. 창작 능력의 결핍이 감지되면, 자극은 창작 능력을 고유의 유기적 숙련성을 통해 나타내기 위하여 낯선 창작 능력에 도움을 청한다. 이것이 바로 예술에서 나타나는 모방이다. 그러나 유기적 숙련성마저 결핍되면 창작 능력과 유기적 숙련성은 자극 가운데 최소치로 물러나지만, 이 최소치는 예술 감각이나 취미로서 낯선 생산물을 향하려고 한다. 이것은 단순한 수용성으로 사라지는 생산성이다.

9.3 상대적으로만 등장하는 유기적 숙련성이 결핍되면 예술의 변형이 발생한다. 예술의 변형에는 숙련된 실행과 창작 능력이 어느 정도 뒤로 물러나는데 그 이유는 창작이 실행을 의도하지 않기 때문이다. 여기서는 열광만 지배적이다. 이것은 예술세계의 완전한 모습이다. 예술세계는 아주 독창적인 예술가와 기꺼이 즐기는 대중 간의 등급 차이가 없이 존립하지 않으며 서로 대립하는 양쪽의 변형 없이는 있을 수 없다. 왜냐하면 양쪽의 균형은 어디에도 없기 때문이다. 독자적인 예술 현존은 양쪽의 이각(離角)이 결합할 때만 가능하다. 영국인들의 경우처럼 양쪽 중 하나만 있는 곳에는 독자적 예술세계가 없고 오로지 부분만 존재한다. 내면에서 예술을 전적으로 소유하고

이를 모든 측면에서 전개하는 민족은 완전하다.

10. 우리가 특정한 지점으로부터 전체 예술세계를 직관한다는 것은, 우리가 개별 예술 영역인 음악과 무언극을 여기서 도식으로만 다뤘다는 것을 보증하는 것으로 여겨진다. 그러나 다른 예술 영역은 이와 같은 방식으로 구성될 수 없는 듯하며 이를 위해서는 좀 더 정확한 탐구가 필요하다.

음악적, 무언극적 자극이 소리와 운동을 통해 비예술적으로 표현되는 것에 연결된다면, 이 자극은 정열적인 것에 기인하는 듯하며 다른 예술은 이와는 전적으로 떨어져 있는 것으로 보인다. 이것은 아리스토텔레스 이래로 반복된 견해, 즉 예술의 목적은 정열을 완화하는 것이라는 견해이다.[11] 이 말이 일반적인 것이 된다면 이는 항상 애매하고 불안정한 것으로 드러난다. (드라마처럼) 완화된 정열이 표현됨과 동시에 완화의 영향이 감상에 금방 나타나야 한다. 이로부터 오로지 우연적인 것에만 빠져든다는 사실이 밝혀진다. (감상자에게 나타나는 정열 완화는 아예 일어나지 않거나 정열을 몰아내는 감상 자체로부터만 발생한다. 더욱이 감상을 오로지 자극하는 것으로만 안다면 다른 모든 감상에도 똑같은 일이 일어날 것이다.) 무언극과 음악에는 이것이 적합할 것이다. 왜냐하

---

11 Aristoteles: *Poetik*, 1449b-1450a 참조.

면 비예술적인 정열적 표현은 측정할 수 없으며 아무런 형식이 없기 때문이다. 원형은 척도의 원천이다. 원형이 동시에 숙고(의 결과)라면 숙고가 더 많이 등장할수록 아무런 숙고를 거치치 않은 정열은 더 많이 사라질 수밖에 없다. 그렇지만 이것은 특수한 것에 지나지 않을 수 있다. 왜냐하면 다른 예술들은 정열의 상태에서 출발하지 않기 때문이다.

조각은 가장 완전한 고요를 요청한다는 사실을 명쾌하게 드러내며, 조각의 대상도 정열이 이를 구상할 수 없을 정도로 고요해야 한다. 그림과 문학에서는 정열이 풍자화와 풍자로 암시되는 것으로 보인다. 한편으로 그림과 문학의 형식은 이미 본래의 예술 영역이 그려놓은 의심스러운 경계에 머물러 있고, 다른 한편으로는 정열적 상태보다 더 쾌활한 상태에서 발생한다. 그러므로 우리의 연역이 여기에 근거한다면 이는 일반적인 것이 아닐 수 있다. 그럼에도 자극이 모든 예술 활동성에 관여한다는 사실은 생동적 예술과 창백한 예술의 구별에서 나온다. 왜냐하면 이 구별은 유기적 숙련성에서 찾아질 수 없으며 내면에서 나오기 때문이다. 따라서 관건은 이런 가장 내적인 지점이 모든 예술에서 어느 정도로 감정의 동일한 보편적 자리(Ort)에 속하는가 하는 것이며, 우리가 지금까지 말한 것을 어느 정도로 모든 예술형식에서 동일한 것 또는 특수 영역의 차이에 연결하는가 하는 것이다.

이러한 결과의 보편타당성과 직접적으로 연관되는 세 가지 계기로부터 실행은 전반적으로 차별적인 모습으로 나타난다. 그러나 우리는 이러한 실행에 관계하지 않았다. 왜냐하면 우리가 척도와 형식에 대해 언급한 것은 특별히 음악과 무언극에 대해서보다 모든 예술에 공통적인 것에 대한 것이기 때문이다. 실행이 어느 정도로 원형 조성(Urbildung)의 모상(模像, Abbild)인가 하는 것도 차별적으로 나타날 수밖에 없다. 실행은 특정 표현 방식에 대한 예술가의 우세한 친화성을 통해 제약된다. 그러나 이것은 자극의 동일성을 배제하지 않는다. 오히려 우리는 다음과 같이 말해야 할 것이다. 자극이 친화성과는 다른 것일 수 있다면 그것은 모든 것에서 동일할 수 있다. 동일한 자극이 한 사람에게서는 하나의 친화성을 매개로 음악이 되고 다른 사람에게서는 또 다른 친화성을 매개로 그림이 된다. 그러나 자극이 바로 친화성 자체라면 이 계기에서도 모든 예술에 대해 동일한 것은 없다. 자극이 친화성과 다른 경우에 대해서는 아직 입증되지 않았으며 동일한 것의 가능성만 정립되었다. 그러나 적어도 음악과 무언극에 들어있는 정열의 가상이 방해물이 되어서는 안 된다. 가상은 가상일 뿐이기 때문이다. 여기에 정열적인 것이 있으나 이것은 비예술적(kunstlos)이다. 그러나 이것은 곧바로 예술로 이행하는 비예술적인 것이 아니다. 이 영역의 가장 단순한 예술 요소는 기쁨과 슬픔에서 출발한다. 그러나 기쁨과 슬픔은 앞의 경우(자극이 모든 것에서 동일한 경우)에 이미 형태화된 욕구, 즉 비정열적으로 되었다. 마찬가지로 자극이 친화성과 다른 경우 기쁨과 슬픔은 고통의 반향이 되었다.

11. 첫째, 특정 매개물과의 친화성이 원형 조성의 근거가 되는 지점에서 모든 예술 활동성이 시작한다면, 보다 생동적이고 열광적인 예술과 보다 차갑고 생기 없는 예술 간의 구별은 발생하지 않을 수 있다. 왜냐하면 원형 자체는 예술적 완벽성(Virtuosität)에서 유래하기 때문이다. 둘째, 특정 예술을 향한 경향은 기존의 예술로부터만 설명될 수 있으며, 따라서 근원적 창작은 불명료하게 남는다. 왜냐하면 예술적 완벽성은 선천적이지 않을 수 있기 때문이다. 셋째, 예술 감각과 원형을 향한 예술 충동은 동일하다. 그러나 예술 감각은 하나의 예술 감각이다. (우리는 예술 감각이 모든 방향으로 뻗어나가기를 바라며 예술가 자신에게도 이러한 바람을 갖지만 예술 활동성이 제한된다는 사실도 인정한다.) 이를 통해 동일한 사실이 확인된다. 위에서 말한 친화성이 지속적인 것이고 원형의 발생이 일시적인 것에 불과한 것이므로 원형의 발생이 어떻게 친화성에서 나오느냐고 묻는다면 우리는 곧바로 [예술 감각은 하나의 예술 감각이라는] 저 답변에 이르게 된다. 그러므로 주체로 하여금 산출 운동에 이르게 하는 그 무엇이 존재해야 한다. 이렇게 되면 산출 운동은 그 자체가 유기적 토대를 지닌 친화성으로 기획되고 구상된다. 산출 운동은 이제 모든 예술에서 동일한 것이다. 여기서 중요한 것은 이 운동이 과연 위에서 말한 [감정의 보편적] 자리에, 즉 개인적 인식

기능 가운데 자리를 잡는가 하는 문제이다.

이 문제에 대해 확신을 갖기 위하여 우리는 일반적인 언어 사용법에 따라 제약된 표현인 감정을 간과하는 대신 특성(Charakter) 자체에 더 많은 주의를 기울여야 한다. 동일한 인식은 의식 가운데 있는 선천적 개념체계의 실현을 지향한다. 세계는 감각을 통해 관계를 맺으면서 일깨워질 뿐이다. 그러나 각자는 개념체계가 활성화되면서 [세계를] 한결같이 파악한다. 이것은 이성의 생산성이다. 특유한 인식이 존재해야 한다면 각자는 특유한 세계와 특유한 체계를 소유해야 할 것이다. 세계가 또 다른 세계가 되면 안 되는 이유는 그 누구도 두 세계에 살지 않기 때문이다. 그러므로 특유한 것은 오로지 연기(延期)할 수 있는 관심에만 있다. 따라서 각자는 항상 이러한 산출에서 파악되는데, 이 산출은 당연하게도 대부분 경험적·소여와 연결된다. 전재[동일한 인식]는 지식의 영역이며, 후자[특유한 인식]는 예술의 영역이다.

12. 예술 작품의 원형이 바로 이 자유로운 운동의 영역에 있다는 것을 누구도 부정하지 못한다.[12] 자유로운 운동이 만들어내는 대부분

---

12 (역자주) 슐라이어마허는 여기서 칸트가 말하는 '인식능력의 자유로운 유희'(『판단력 비판』)와 실러의 '미적 교육에서 전개된 유희 충동'(『인간의 미적 교육에 관하여』)을 염두에 둔다. Friedrich Schiller: Ueber die ästhetische Erziehung des Menschen in einer Reyhe von Briefen, 2. Teil; 10. bis 16. Brief, in: ders. (Hg.): Die Horen,

의 결과는 물론 무의미하다. 그러나 형체 없는 덩이와 같은 이러한 결과로부터 의식의 빛으로 등장하면서 표현을 요구하는 결과가 일어난다. 이런 모든 형상이 개인의 특유한 세계를 형성한다는 사실은 분명하다. 특유한 세계는 그것이 각자의 특별한 관심 속에 등장하는 것과 같이 그 자체가 실제의 세계이며, 동일하거나 차이 나거나 상관없이 특유한 세계는 절대적으로 특수하지 않으며 현실 가운데 상대적으로만 대립한다는 사실을 이해한다면, 이 모든 형상이 각자의 특유한 세계를 형성한다는 사실은 분명하다. 유희하는 이런 표상이 실제 세계에서 멀어지는 것처럼 예술 작품도 전반적으로 실제 세계에서 멀어진다. 미술과 시문학에서 우리는 유(類)를 한계의 유로 간주하며 현실을 정확히 고수하는 유를 의심스러운 것으로 본다.

　이성과 상상력 간의 평행은 상상력이 생산적인지 재생적인지에 대해 엄밀하게 물어볼 필요도 없이 확고한 것으로 보인다.[13] 물음을

---

　2. Stück, Tübingen, 1795, S. 45-124, hier: 81 (Schiller Werke. Nationalaus gabe, Bd. 20, Philosophische Schriften, 1. Teil, hg. v. Benno von Wiese unter Mitwirkung v. Helmut Koopmann, Weimar 1962, S. 353) 원문 52쪽 참조.

13 (역자주) 슐라이어마허는 여기서 상상력에 관한 당시의 논의를 끌어온다. 대표적인 인용문은 다음과 같다. "상상력[구상력]은 대상이 현존하지 않아도 그 대상을 직관 가운데서 표상하는 능력이다. … 상상력이 자발성인 한, 나는 상상력을 이따금 생산적 상상력으로 부르며 이를 재생산적 상상력과 구별한다. 재생산적 상상력의 종합은 다만 경험법칙에, 즉 연상의 경험법칙에 종속한다." (칸트, 『순수이성비판』, B 151-152) 피히테는 『학문론』(1794)에서 생산적 상상력을 자발적 반성과 재생산적 반성의 대립에 대한

평행의 측면에서 고찰한다면 이 물음은 큰 의미를 지닌다. 왜냐하면 이성에 대해서도 결정이 내려져야 하기 때문이다. 그러므로 진리는 이성과 상상력이 일깨워져야 하는 하나의 생산성이라는 것이다. 지금 우리에게 중요할 수 있는 것은 형용하는(modifizierend) 재생산만을 받아들이는 것이다.

우리가 지금 조형예술과 담화예술의 특수한 원리만을 발견한 것 같지만 이와 마찬가지로 일반적인 결과도 발견했다. 왜냐하면 외적 소여(所與)에서 멀어지는 것은 무언극과 음악에도 해당하기 때문이다. 무언극과 음악에서도 외적 소여는 몰예술적인 것이며 정념적인 것(Pathematisches)이다. 원리를 고찰해 본다면 현재의 탐구는 첫 번째 탐구가 조형예술 및 담화예술을 배제한 것처럼, 무언극과 음악 예술을 배제한 것처럼 보인다. 왜냐하면 무언극과 음악은 표상과 그것이

종합적 조건으로 표상함으로써 생산적 상상력을 구상했다. "종합의 능력은 대립을 통합하고 이를 하나의 존재(Eins)로 사고하는 과제를 갖는다. … 우리는 대립하는 양자 가운데 활동하는 능력을 생산적 상상력으로 불렀다." (Fichte: Grundlage der gesammten Wissenschaftslehre, GA, Abt. I, Bd. 2, 367) "상상력은 우리에게 모든 감각을 대체시킬 수 있으며 이미 우리의 자의(恣意) 가운데 존재하는 놀라운 감각이다." (Novalis: Schriften, 2. Bd., Das philosophische Werk I, 650) "일군의 시인은 하늘의 별을 표상하면서 운행을 마친 태양이 빛을 발하는 수많은 불꽃으로 흩어진 것으로 보았다. 이것은 이성과 판타지[상상력]의 관계를 보여주는 훌륭한 형상이다. 이성은 판타지의 상실된 예감 가운데 여전히 존재한다. 이성과 판타지는 창조적이며 전능하다(A. W. Schlegel, KAV 1, 525). 원문 53쪽 참조.

표현해야 하는 세계 사이의 운동과 무관하기 때문이다. 진정한 동일자를 발견하기 위하여 우리는 외부에서 오는 감동(Affektion)의 필연성으로 되돌아가야 한다. 이것은 감정이다. 그러나 음악과 무언극은 직접적 감정에서 출발하지 않으며, 포착된 여러 감동 계기의 평균에서 발생하는 기분에서 출발한다. 그러나 기분도 상상력의 자유로운 유희를 규정한다. 그러므로 감정과 기분은 동일한 것에 토대를 두고 있다. 음악과 무언극은 감정의 직접적 표현으로서 좀 더 수동적이며 직관하는 예술들은 좀 더 능동적이라고 말한다면 이는 경솔한 일일 수 있다. 말하자면 음악과 무언극은 오로지 지속되는 감정에만 관계하기 때문이다. 이러한 지속은 근원적인 느낌-욕구이며, 따라서 음악과 무언극도 자기 활동적이다. 양자의 구별은 다음과 같다. 객관적 활동성의 시대에 축적된 것처럼 모든 예술은 전부 기분의 표현이다. 음악과 무언극의 표현은 감정의 직접성에서 빌려온 것이라면 조형예술과 담화예술의 표현은 표상의 자유로운 유희에 끼치는 기분의 방식에서 빌려온 것이다. 우리는 우리와 올바른 방식으로 조우(遭遇)해야 했던 것만을 만나게 된다. 우리는 예술에서 동일자를 위한 정식과 더불어 분류를 위한 주요 정식도 발견했다.

13. 예술의 한 부문이 다른 부문과 상이한 근거를 가진다는 반박은 기분에 관계하는 자기 활동성과 수용성 간의 대립을 통해 제기된다.

그러나 이렇게 기분으로 문제를 되돌리는 것은 너무 많이 나아간 것이라는 우려가 여전히 존재한다. 기분은 더 이상 예술만을 위한 동일성이 아니다. 기분은 모든 객관적 활동성으로 진입하는 원인이기도 하기 때문이다. 게다가 조형예술과 담화예술을 특유한 세계의 표현으로 간주하는 것과 똑같은 방식으로 음악과 무언극을 고찰할 수 없다. 왜냐하면 조형예술과 담화예술에서는 대상이 표현되나 음악과 무언극은 대상을 표현하지 않기 때문이다. 첫 번째 어려움은 예술이 기분으로 되돌아갈 뿐 아니라 기분에서 나오는 자유로운 산출로 진행하기도 한다는 사실에서 확인된다. 자유로운 산출은 형상(Bild) 및 사상과 마찬가지로 소리와 운동이기도 하기 때문이다. 모든 존재 가운데서 무엇인가가 형성되는 것처럼 인간 가운데서 노래가 끊임없이 들리며, 음악적인 존재 가운데서는 더 많은 노래가 들린다. 만약 춤을 추는 경향이 끊임없이 존재하지 않는다면 인간은 일정한 시대 동안 도약하거나 춤을 출 수 없을 것이다. 여기에도 수많은 무의미함과 불완전함이 있으나 이로부터 개별적인 예술 계기가 등장한다. 무의미함과 불완전함이라는 두 가지 생산물의 평행을 오인해서는 안 된다.

두 번째 어려움은 조형예술과 담화예술이 직접적으로 특유한 세계를 산출하지 않는다는 사실에서 드러난다. 이러한 산출은 가상에 불과하기 때문이다. 예컨대 셸링은 조각이 직접적으로 존재를 묘사한다는 사실을 통해 그림과 조각을 구별한다. 그러나 그려진 인간이 없는 것처럼 돌로 만들어진 인간도 없다. 시문학도 내적 정신을 표현할 수 없는데, 그 이유는 행위와 정열은 외적인 것에 지나지 않기 때문이다. 그러므로 가상 가운데 내적 산출이 반영되어 있다. 이와 같은 것에는 소리와 운동도 있다. 산출 가운데 자극받은 것의 동일성이 있는데, 이는 오로지 다른 차이를 향해 나아간다. 소리와 운동도 특유한 내적 세계의 의미상(意味像)이다. 소리와 운동의 공조는 양자가 서로를 보완함으로써 인식된다. 우리는 음악을 향하는 말을 찾는다. 원래 음악은 보조적인 것에 그쳤으나 여기서 자립적인 것이 되기도 한다.

14. 모든 예술의 이런 내적 통일성은 예술이 모든 부문을 통일하는 견고한 생에서만 올바로 꽃핀다는 사실을 통해 가장 완전하게 표현된다. 우리는 이러한 시대를 가진 바 있는데, 그것은 헬레니즘 시대와 고대 이탈리아-기독교 시대이다. 다른 모든 것은 예술의 퇴락이거나 별다른 성과를 내지 못한 예술의 근접에 불과하다. 그래서 개별적인 사적(私的) 예술 탐구는 특별한 소득 없이 사라진다. (시문학을 시대별로 비교한다고 해도 이는 제한된 영향에 불과하다.) 또한 화려한 전체의 삶에서는 항상 특정 형태가 지배하기 때문에 자의(恣意)와 의욕이 우위를 차지한다.

이러한 사실이 확고하다고 해도 우리가 항상 올바로 이해한 것은 아니며 모든 반박을 물리치고 논쟁적인 견해들 사이에서 결단을 내릴 수 없었다. 여기서 특히 두 가지 지점을 고려할 수 있다. 첫째, 한편으로 예술을 신적으로 높이며 다른 한편으로 예술을 무의미하고 위험한 것으로 평가절하한다. 예술의 신화(神化)는 인간 가운데 임하는 신적 존재의 직접적 계시로서 지식의 최고 영역인 철학과 동일시된다. 예술의 신적 고양은 위대한 예술 작품의 압도적 흔적으로 남아있으며, 만개한 예술에는 정치적이고 종교적인 총체적 삶이 연관이 들어있다.[14] 다음으로 다수의 무의미하고 동질적인 것이 등장하는데, 여기서는 개별적 예술만 꽃피운다. 페리클레스[15] 시대에서와 같이 매우 넓게 확산한 예술 직관도 정열적 운동을 저지하지 못하는 것이 헬레니즘 시대의 경험이다. 레온(Leon) 시대[16]처럼 종교로 수용되는 예술은 정열적 운동을 불순하게 할 뿐이며 예술을 감각적인 것으로 끌어내린

---

14 (역자주) 셸링은 예술만이 지적 직관의 객관성을 표현할 수 있다고 보며(『선험적 관념론의 체계』), 헤겔은 예술을 절대정신이 수행하는 자기반성의 (감각적) 방식으로 규정한다(『철학 강요 1827/1830』). 셸링의 『선험적 관념론의 체계』(1800)에서는 예술만이 지적 직관의 객관성을 표현할 수 있으며 이로써 철학적 지식을 '절대 동일자'로 완성할 수 있다는 파악이 발견된다(*Schelling AA, Abt. I, Bd.* 9,1, S. 325 참조). 헤겔도 『철학 강요』(1827/1830)에서 예술을 '절대정신'이 수행하는 자기반성의 (감각적) 방식으로 규정하며 이로써 예술이 종교 및 철학과 함께 하나의 영역을 정립하게 된다(GW 20, S. 542~543, § 553, 556). 이에 더해 슐라이어마허가 쓴 미학의 세 가지 전진 이론 참조. 이것은 1832/33년 강의원고의 난외 주에 나온다(S. 133, 1-3부터). 원문 54쪽 참조.

15 (역자주) Perikles(BC 490~429)는 아테네 도시국가의 전략가.

16 (역자주) Leo 3세(약 680~741)는 비잔티움의 황제(717~741).

다. 이로부터 예술을 종교 영역에서 다시금 전적으로 추방하려고 하면서 이를 근본적으로 개선하려고 한 노력이 나온 것이다. 따라서 예술이 공허한 망상을 퍼뜨리고 인간을 진지한 삶의 집중으로부터 물러나게 함으로써 예술은 불필요한 것이 되고 필경 해로운 것이 된다. 최대의 인상은 오로지 명작에서만 발견될 수 있으며, 이는 탁월한 것이므로 예술의 본질에서 나오는 인상은 거의 사라진다. 전반적으로 다수의 예술은 평범하고 등가적이며 명작을 기억나게 하는 경우에만 가치를 지닐 수 있다.

둘째, 예술의 마당(Ort)에 대한 의구심도 일어날 수 있다. 그런데 예술의 마당은 우리에게 예술의 본질을 드러내는 것이었다. 이를테면 기분은 인식 기능에 속하나, 예술 자체는 전반적으로 형성하는 활동이다. 그림과 조각은 무분별한 형성이며 음악과 무언극도 공허한 형성이고, 시문학은 직접적으로 다른 사람의 상상력으로 투입하는 활동이다. 이에 맞서서 이러한 형성이 아무런 작용 결과물이 아니며 시작과 종결이 인식 활동으로 이행한다고 말할 수 있다. 이 문제에 대해서는 지금까지 찾아낸 것에서 그 어떤 결정도 내릴 수 없으므로 우리는 탐구를 더 깊이 해봐야 한다.

15. 예술의 마당에 대한 물음을 다시 한번 다루는 것에서 시작해야 한다. 예술을 조직하는 활동으로 보아야 하는지 아니면 인식하는

활동으로 보아야 하는지 하는 물음은, 예술을 원형의 생성에서 후진적으로 보는 것인지, 전진적으로 보는 것인지의 물음을 뜻한다. 모든 것은 원형에서 전진적으로 생성되기 때문이다. 무언극, 음악, 시문학뿐만 아니라 좁은 의미의 조형예술도 원형에서 전진적으로 생성된다. 이들 작품 가운데 잠정적인 것은 의미 있는 구별에 해당하지 않는다. 현(絃)은 여전히 무엇인가를 따라 울리며, 신체에서는 무엇인가가 무언극 뒤로 물러나 있다. (화학원소 루비듐, 돌과 색상은 금방 퇴색하며 풍화된다.) 모든 작품을 공기나 신체와 같은 재료의 형성으로 볼 수 있으며, 시문학만 직접 영혼으로 투입하여 형성한다. 한편으로 이것은 사고와 언어의 관계에 대한 유비이다. 음악, 무언극, 조각 등도 형성이지만, 전체는 인식 기능에 속한다. 다른 한편으로 형성은 목적의 결핍 때문에 모든 역학적인 작품에서 멀어진다. 따라서 전반적으로 무목적성이 인식된다.[17] 이러한 부정적 규정에 더해 우리는 담화의 유비 가운데서 다시금 긍정적인 것을 발견한다. 이 담화는 의도된 것이 아니라, 자신을 위한 사유나 다른 사람을 위한 사유를 고정하기 위하여 이루어지는 자연적 언표이다. (여기서 자신을 위한 사유는 나를 위한 사유, 즉 나의 고유한 삶의 낯선 순간만을 위한 사유를 뜻한다.)

(부가 주석: 담화가 사유 자체이지만 작품은 원형 자체가 아니라는 것, 그리고

---

17 (역자주) 칸트의 '목적 없는 합목적성'을 연상시킨다.

원형은 항상 작품보다 비규정적이라는 말은 별다른 의미가 없다. 왜냐하면 이러한 구별은 일반 담화와 예술적 담화 사이에도 발견되기 때문이다.)

이와 마찬가지로 저자의 영혼에 있었던 것만이 작품을 통해 다른 영혼에게 전달된다. (이렇게 이루어지는 전달의 특별한 목적은 없다. 왜냐하면 누구에게 전달될지를 알지 못하기 때문이다.) 그러나 전달된 것은 그 자체로 전달될 수 없는 감정이 아니라 원형 그 자체이다. (난외 주석: 이 감정에 대해서는 우리가 항상 물음을 갖는다.) 따라서 인식하는 기능이 지배적이다. 이제 우리는 양자 가운데서 동일자를 찾기 위하여 산출의 동일한 특성과 특유한 특성을 비교하는 것으로 되돌아간다. 양자는 자유로운 활동성이다. 양자의 동일성은 정신의 순수한 표상이다. 그런데 이 표상은 존재와 관계하면서 더 생동적으로 바뀐다. 모든 사고는 보편자를 향할 때 신의 사고가 되려고 하며, 특수자를 향할 때 전적으로 개별자의 사고가 되려고 한다. 현상의 총체성인 신과 세계의 생득 이념은 이러한 방식으로 실현된다. 동일한 사실이 특유한 측면에서도 일어난다. 모든 예술은 한편으로 종교적 경향을 가지며, 다른 한편으로 개별자와의 유희 가운데로 사라져 버린다. 양자 가운데서 모든 것이 공통적 세계인 것인 것처럼 특유한 세계는 이 둘에 공통적으로 현시된다. 언급된 의견 대립은 이를 통해 서로에게로 매개된다.

16. 무엇보다 평행이 더 설명되어야 한다. 보편자를 향하는 사고로

부터 이것이 신의 사고가 되려고 하는 쪽과 세계의 사고가 되려고 하는 쪽 간의 논쟁이 있으며, 신이념과 세계 이념 간의 대립하는 방식에 대한 옛날의 변증법적 논쟁이 있다. 이 때문에 한쪽은 다른 쪽을 무신론으로 고발하고, 다른 쪽은 상대를 우상숭배로 고발한다. 우리는 여기서 이 논쟁을 해소할 수 없다. 이 논쟁은 유사한 이중성을 추측할 수밖에 없는 영역에서 우리를 따라다니고 있다. 그러나 지금은 종교적-사변적 측면을 개별자와의 유희에 맞세우는 것으로 충분하다. 두 측면은 한쪽이 다른 쪽을 완전히 해소할 수 없는 모습으로 서로 대립하고 있다.

우리가 개별자와의 유희만을 확인하는 곳에서는 이를 오로지 올바른 정신을 놓친 반향과 모방으로 발생한 것으로만 보게 된다. 그러나 종교적 기분은 전적으로 그 자체만으로 표현될 수 없다. 신의 형상은 직접적으로 묘사될 수 없으며 개별적인 관계 가운데 오로지 간접적으로 현시된다. 자연인이 물신(物神)을 새겨넣는다면 절제된 종교적 기분에서 나오는 활동성이 존재한다. 그러나 이것은 표현이 아니다. 왜냐하면 자연인에게 아무것도 주어지지 않는다면 그가 물신을 보는 것으로써 종교적 기분이 자극되는 것은 아니기 때문이다. 하나의 아버지-신은 하나의 예술 작품이다. 그러나 예술 작품도 근본적으로 아버지-신과 같은 존재이다. 원래(ansich) 신이 아닌 고결한 노인은 자신의 속성을 통해 신이 된다. 원형을 생기게 한 종교적 기분이 원형을 넘어가지는 않는다. 웅변적으로 등장하는 메시아 아버지-신도 이를 능가하지 않는다. 왜냐하면 메시아-신도 육체적 형태를 전제하기 때문이다. 예언자는 이와 다르다. 예언자의 산물은 한편으로 예술 작품이나 다른 한편으로는 행동을 격려해야 하는 행위이다. 그러므로 종교적 예술이 다양한 개별성이 되어야 하는 것처럼, 개별자와의 유희도 비록 종속적이기는 하지만 내적으로 보편자를 소유하고 있다. 바로 여기서 예술의 두 가지 양식(Stil)이 생긴다. 하나는 종교적 또는 성스러운 양식이고 다른 하나는 사교적(gesellig) 양식이다. 사교적 양식은 세속적 양식이 아니다. 세속적이라 함은 이중적이거나 애매하다. 왜냐하면 종교적 양식은 신과 세계에 이중적으로 관계한다. 그리고 세속적 양식도 부도덕한 것이 아니다. 부도덕한 것은 이미 변질된 일면성을 묘사하기 때문이다.[18] 사교적 양식의 의미에 관해서는, 종교가 전달하려고 하기에 사교적인 것이 아니라, 모든 개인은 외적이고 군중을 요구하며 스스로 확산하려고 한다는 이유로 원래 공적인 삶 가운데 존립할 수 있다는 의미에서 사교적이다.

---

18 (역자주) 슐라이어마허는『윤리학』에서 '종교적 양식'과 '세속적 양식'이라는 예술 양식론을 전개한다. Ethik 1812/13, Meiner판, 123 참조. Schleiermacher: *Ethik 1812/13*, hg. und eingeleitet von Hans-Joachim Birkner, Hamburg 1990, S. 122-124 참조.

17. 종교적 양식과 사교적 양식의 상대적 대립은 분화된 예술의 모든 영역에서 나타난다. 건축에서는 교회건축과 유희를 위한 건축, 무언극에서는 종교적 축제행렬의 동반과 가장무도회, 연극 춤, 음악에서는 교회음악 양식과 오페라 양식, 시문학에서는 비극, 송가, 남녀 간의 유희 묘사, 미술에서는 재단(齋壇) 회화와 장식, 조각에서는 신상, 성상(聖像), 사랑을 묘사한 부조 등으로 대립이 나타난다. 개별 예술마다 두 양식의 대립이 많이 나타나기도 하고 적게 나타나기도 한다. 우리는 [두 양식 간의] 유비를 일반적으로 확인하기 위하여 두 양식이 뚜렷하게 분리된 증거들만 추적할 수 있다.

이로부터 예술의 대립적 관점이 설명될 수 있다. 높은 사변적 관점은 종교적인 것과 진지한 것에서 나온다. 무엇보다 먼저 이 관점에 대해 검토해야 한다. 우리는 신과 세계에 대한 관계의 차이를 도외시하고, 종교적인 것이 어떻게 사변적인 것에 맞서 발생하는지, 직관의 감정이 어떻게 생기는지 하는 물음처럼 종교적인 것 자체로부터 출발한다. 종교적 감정의 불변성은 기분이다. 기분은 객관적 활동에서는 뒤로 물러나 있다. 사변적 활동이 명상에서 등장하는 것과 같이, 종교적 활동은 축제적 삶에 등장하는 또 다른 활동과 같다. 축제적 삶은 노동을 중단하며 객관적 활동을 방면한다. 종교적 기분은 외면화되려고 하는데, 이것은 두 가지 방식으로 일어난다. 종교적 기분은 먼저 교의(Dogma)에서 반성을 통해 일어나며, 다음으로 종교적 예술의 표현으로 일어난다. 모든 종교적 축제와 제의는 그 가운데서 일어나는 자발성과 수용성 및 산출과 향유의 상호작용이다. 종교적 축제와 제의 자체는 상대적으로 서로 대립한다. 교의에서 반성은 감정을 사고에 다가가게 한다. 반성은 감정에 대한 사고이기 때문이다. 예술의 표현은 자유로운 산출로서 객관적 사고에 최대한 맞선다. 감정은 거의 매번 두 도정 가운데 하나만을 택한다는 사실이 여기서 알려진다. 교의가 체계화되려는 것처럼, 예술 표현도 신화적이거나 상징적인 연작을 만들어내려고 한다. 양자의 구별은 일단 도외시한다. 교의적 체계가 더 많이 형성될수록, 예술연작은 더 많이 후퇴한다(스콜라 시대). 예술연작이 더 많이 형성될수록, 교의가 더 많이 후퇴한다(고대 시대). (고대의 종교 시에서도 찾을 수 없는) 교의는 표현 속에 들어있는 고유한 예술 내용의 상실과 함께 등장한다(신플라톤 시대). 고대의 몰락과 기독교의 이행. 기독교 교회에서 예술연작의 등장은 교의 형성의 상실과 연결되어 있다. 개신교에서는 교의 형성이 예술연작과 대립한다.[19] 이로써 우리는 양자가 똑같이 서 있다는 것을 본다. 전체 예술이 전체 철학에 대립한다고 말할 수 있는가? 이것은 철학을 가장 넓은 의미에서 받아들이고 철학이 경험적 지식을 포괄하는 것과 다르지

---

19 (역자주) 슐라이어허는 고대 정신사와 그리스도교 정신사를 구별한다. 고대철학사 강의와 그리스도인을 위한 철학사 강의(SW III/4,1) 참조. 또한 블루메의 강의 노트도 참조 바람. *die Ausführungen der Nachschrift Bluhme*, 1819, S. 209, 26-18.

않다. 그렇지 않다면 원래의 철학은 오로지 심원한 예술과 대립한다고 말해야 한다. 철학과 예술 사이에 교의를 매개물로 등장시킬 때 우리는 비로소 양자의 관계를 올바로 알게 된다.

18. 해로운 평가는 종교적 경향에 맞서서 등장하는 대립적 종국에서 나온다. 대부분은 에로틱한 것에서 확인된다. 사람들은 에로틱한 것이 욕구를 자극한 잘못이 있다고 고발하며, 이것이 동인이 되어서 종교적 예술도 감각적인 것에 집착하고 정신적인 것을 외면한 잘못이 있다고 고발한다. 그러나 이러한 고발은 예술이 오로지 특정 종교 운동이나 도덕 운동을 일으켜야 한다고 요구하는 데서 출발할 수 있다. 그렇지만 예술은 이러한 영향을 행사하려고 하지 않으며, 이런 경우가 일어난다면 그것은 우연일 뿐이다. 표현은 한 측면에서의 통과점에 불과하다. 표현은 원형을 재현하려고 한다. 그러나 산출한 것이 전달되지 않는다면 그것은 한순간도 전달될 수 없다. 그러므로 이것은 오로지 기분일 뿐이며 특정한 감정이 아니고 의지도 아니다. 에로틱 예술도 이러한 과제를 갖는다. 그러나 기분은 생존본능과 합일 욕구인데, 이것은 인간을 육체 기관으로 형성하는 것과 같다. 모든 예술은 이러한 과제를 해결하려고 한다. 왜냐하면 이러한 시도가 가장 큰 난제이기 때문이다. 다른 측면에서 예술은 늘 감각적인 면을 고수하려고 한다. 왜냐하면 예술은 특정 매체를 통해 기분을 재현하려

고 하는 한에서만 예술이기 때문이다. 종교 예술에서 감각적 측면을 고수하는 것이 기분에서 의지가 일어나는 것을 막는다면, 예술 작품의 영향이 멈추는 때를 제외하고는, 에로틱한 측면에도 똑같은 일이 일어난다. 올바른 불평은 올바른 예술이 멈추는 곳에서만 통한다.

마찬가지로 다른 측면에서는 고등예술의 상징적 위엄, 그리고 의미만 가지고 노는 공허하고 무의미한 저급한 예술 사이에 갈등이 발생한다. 이와 관련된 가장 좋은 형식은 아라베스크이다. 여기서 개인은 실제로 그와 일체가 되지 못하는 구성으로 연기하지만, 개인과 구성은 노련한 공연을 통해 서로 결속되어 있다. 이에 대한 근거는 상징적 위엄 자체에 있다. 예술은 개인이 삶 전반에서 우리를 붙들어 놓으려 한다는 이러한 견해를 논박해야 한다. 그렇지 않는다면 개인의 상징적 위엄은 예술에서 사라지기 때문이다. 그러므로 개인을 허무하게 묘사하려는 노력은 직접적이다. (이것은 희극 일반에 해당한다. 희극적 인물은 전체에 대한 자신의 관계를 받아들이지 않는다. 아리스토파네스의 국가[20] 처럼 전체는 개인을 산출하면서도 부수적인 역할만 하므로 웃음을 자아낸다.) 개인을 허무하게 묘사하려는 노력은 아라베스크와 동화에서처럼 고차적인 의미를 비의도적으로 찾아냄으로써 똑같이 직접적이다. 따라서 이것은 모든 예술의 자연스

---

20 (역자주) 슐라이어마허는 아리스토파네스의 희극 <새>(BC 414)와 <기사>(BC 424)를 언급하는데, 이들 작품은 페리클레스 치하의 아테네 정치를 비판적으로 암시한다. 원문 KGA, II. Abt. Band 14, 62쪽 참조.

러운 틀이 된다. 상징적 처리와 종교적 경향이 함께 속하는 것처럼 개인과 어울리는 유희와 음탕한 내용도 함께 간다. 그러나 우리는 이러한 유희만을 묘사하는 예술세계를 결코 완전하다고 보지 않을 것이다. 우리는 종교적 측면만을 발전시킨 예술세계를 자유로운 예술세계로 보지 않으며, 오히려 (특정 운동을 펼치려는 의지가 등장하는) 실제적 경향이 여분의 예술 숙련을 위해 쓰인다고 생각한다.

따라서 예술의 자유는 놀이하는 측면과 쓸모없는 측면을 통해 드러나며, 상징적 측면과 고상한 측면을 통해 그 내적 필연성이 드러난다. 그러므로 플라톤처럼 놀이하는 측면과 고상한 측면을 분리하려고 하는 것은 일면적이다. 희극적 인물과 상징적 인물이 같이 등장하는 그 자신의 예술작품[21] 가운데 만약 반대 인물이 등장하지 않는다면 (즉, 플라톤의 의도처럼 놀이하는 측면만 있거나 고상한 측면만 있다면) 사람들은 그에게 올바른 의미의 예술이 결핍되어 있다고 믿을 수밖에 없다.[22] (위대한 예술가들은 종종 아주 쉽게 오해될 수 있는 직접성을 통해 이러한 공속성[23]

---

21 (역자주) 원문에 Kunstwerk라고 되어 있으나, 문맥상으로 이것을 그가 집필한 대화편으로 이해할 수 있다. 플라톤은 대화편에서 희극적 인물과 상징적 인물을 같이 등장시키나 예술에서는 양자를 분리하려고 한다.

22 (역자주) 플라톤은 예술을 산출하는 예술과 모방하는 예술로 구분한 후 모방하는 예술 (특히 조형예술)을 이상 국가에서 추방한다. (Politeia X 596a-608b 참조) "플라톤에게 진정한 예술은 진정한 학문이나 … 하나의 이론을 제공할 수 있는 실행일 뿐이다. 플라톤은 예술과 몰예술적 제작을 이렇게 구별하기 때문이다." (『파이드로스』 번역 서론, KGA IV/3, S. 68)

23 (역자주) 놀이하는 측면과 쓸모없는 측면, 상징적 측면과 고상한 측면의 공속성.

을 보여준다. 요제프의 선술집24과 셰익스피어의 애매성25을 꼭 민감하게 받아들이지 않아도 된다.) 그러나 플라톤은 오로지 변질에 대해 염려했다. 그가 전면적으로 비판했던 동시대의 타락한 기관에서 일한 예술가들이 변질 없이 공속성의 영역에서 작업할 수 있다고 믿지 않았다. 그래서 그는 변질 문제를 끊어냈는데, 그런데도 이 예술가들이 일을 해야 하는 상황에 있었다면 진지한 것을 위해 하라고 요구했다.

19. 독자적인 예술세계가 두 측면을 [즉, 유희적이고 가벼운 측면 및 상징적이고 고상한 측면을] 통합해야 한다면, 개별 예술가의 작품이 다른 작품 가운데 온통 들어있는 것처럼 그도 최소한 다른 작품의 의미를 전적으로 소유해야 하는 정도로 두 측면을 정당하게 통합해야 한다. 그에게 이러한 의미가 결핍되면 될수록 그의 예술이 변질되거나 변질에 근접해 있다는 것을 더 많이 염려해야 한다. 그러나 이것은 개인적 판단의 토대에까지 이르지는 않는다. 의미의 분할은 똑같을 수 없으며 개별적으로 사라질 수 있다. 다만 가벼운 측면 전체가 결핍된 것으로 보인다면 예술은 속물근성에 근접하게 된다. 만약 고상한 측면이

---

24 (역자주) '요제프의 선술집'은 구약성서에 나오는 진지한 모습의 요셉을 선술집 장면으로 옮겨놓은 민속 사육제극을 지칭하는 것으로 보인다. 이것은 종교적인 것과 희극적 상징적인 것의 혼합을 보여주는 사례다.

25 (역자주) 셰익스피어가 자주 사용하는 애매한 표현, 즉 도덕적 오류로 볼 필요가 없는 비꼬거나 양의적인 언어 사용.

완전히 결핍되어 있다면 예술은 척도 없는 풍만함과 단순한 만족에 근접한다. 큰 척도에서는 두 측면이 시대에 따라 종종 딴 길로 가지만, 이 둘의 완전한 고립은 시작점과 종결점을 보여준다.

일반 주석. 우리는 통일성의 영역에서 항상 동시에 이중성에 도달한다. 어떤 것을 개인의 영혼에 들어있는 사실로 고찰함과 동시에 그것은 계기가 되며, 모든 계기는 과거와 미래를 가리키는 이중성 가운데 존립한다. 우리가 수행한 고찰의 원래 핵심은 원형의 산출이었으며, 이것은 기분과 표현의 이중성이 되었다. 그러나 예술 활동성은 오로지 기분과 표현의 동일성에만 있으며, 따라서 예술은 그 전체 부문이 완전히 채워지지 않을 때 아무것도 아니다. 예술은 기분이라기보다 기분의 조직화이며, 현재의 이중성과 더불어 있는 것이기도 하다. 모든 조직화에서 활동성은 개별자가 되며, 여기서 상징적 정립과 유희적 파괴의 이중성이 발생한다. 예술에서 이 둘은 본질적으로 하나이다. 왜냐하면 상징적으로 정립된 것도 개별적으로 파괴되며 이를 통해 개별적으로 파괴되는 것도 상징적으로, 말하자면 개별자의 비존재를 보여주는 상징으로 정립되기 때문이다. 객관적 인식의 평행은 여기서 정확하게 나타나지 않는다. 그럼에도 상세히 고찰해 보면 이 평행은 존재한다. 사변적인 것은 긍정적 특성을 가지며 경험적인 것은 부정적 특성을 갖는다. 왜냐하면 의식된 모든 것은 항상 보편자가 되며 개별자 자체는 항상 의식되지 않은 것으로 정립되기 때문이다.

이것은 전체 예술을 성스러운 것으로 보거나 유희로 보는 대립적 관점으로 되돌아간다.[26] 양자는 강하게 대립하지 않을 때만 올바른 관점이 될 수 있다. 유희는 노동, 즉 조직하는 활동에 대립하는 예술이자 객관적 인식에 맞서는 예술이다. 여기서 객관적 인식은 세계가 어떻게 주어져 있는지를 파악하는 과제를 떠맡으며 인간과 세계의 상대적 대립에서 멈춘다. 이에 반해 대립에 전혀 매달리지 않는 예술이 있다. 이 예술은 인간 자신에 집중하며 대립 자체 이외의 다른 대상을 갖지 않는 유희이다.

20. 예술을 노동과 유희의 대립으로 부른다면 이것은 예술에 대한 비방이 아니다. 왜냐하면 형성함과 인식함에서 인간은 이중적 단점을 가지고 세계와 관계하기 때문이다. 첫째, 인간은 무엇인가를 필요로

---

26 슐라이어마허는 그리스도교 도덕론 강의에 나오는 '서술적 행위'의 틀에서 예술과 유희의 관계를 상세하게 탐구했다. 1809/10년 강의에서 이 관계는 다음과 같은 것을 의미한다. "사교적 서술의 중심은 유희와 예술의 결합이다." (SW I/12, Beilage A, S. 61, § 176) 1824/25년 강의: "예술을 진지함의 개념으로 다루었던 작용적 행위에 대립시키기 위해 예술 개념을 유희로 수렴하는 것은 오랫동안 우세한 용어였다. 그러나 모든 유희를 완전성에서 생각해 보면 그것 또한 예술 개념으로 수렴되어야 한다." (SW I/12, S. 690-691) 슐라이어마허는 칸트와 실러의 '자유로운 유희' 구상과 더불어 그가 여기서 언급하는 것으로 보이는 초기 낭만주의의 유희 이론도 잘 알고 있었다. 프리드리히 슐레겔의 *Gespräch über die Poesie*에 나오는 'Lothario' 참조. "예술의 모든 성스러운 유희는 세계의 무한한 유희와, 영원히 자기 자신을 형성하는 예술 작품의 간접적 모방에 지나지 않는다." (KFSA II, S. 324)

하는 존재로 나타난다. 그는 아무것도 의지할 데 없는 상태로부터 점차 자연의 주인으로 고양되어야 하며 무지로부터 세계의 전문가가 되어야 한다. 그가 이를 완성한다면 형성함은 독창력 없는 사물의 단순 갱신일 것이며 단순한 전통의 발견도 없는 학습이었을 것이다. 이 둘은 인간의 위엄을 보여줄 수 없는 기계적인 것에 불과하다. 결국 남는 것은 감정과 욕망이다. 만약 모든 예술 형성의 힘을 소진했다고 생각하면 기계적 모방만 남을 것이다. 이것은 열정 없는 기교이다. 다만 이것은 앞에서 말한 기계적인 것으로 생각할 수 없다. 그러나 이것은 허구이기도 하지만, 우리는 이것을 무한한 과정을 통해서만 접근할 수 있는 비합리성 때문에 필연적이라고 인식한다. 예술 자체는 무진장하다. 엄청난 행위나 유의미한 발견을 이유로 다른 사람을 시기하는 것은 무의미하다. 이런 행위나 발견을 통해 실제로 다른 가능한 영역이 축소되기 때문이다. 그러나 예술 작품을 통해서, 심지어 가장 훌륭한 예술 작품을 통해서도 다른 영역은 전혀 축소되지 않는다.

둘째, 인식함과 형성함에서 인간은 그가 필연적으로 따라야 하는 법칙을 의식하지 못한다. 그는 이 법칙이 세계의 내부에서 더 많이 발생하는지 아니면 자기 내면에서 더 많이 생겨나는지에 대한 확실한 의식이 없다. 그러나 예술에서는 인간에게 아무런 의심이 없다. 인간은 자유로운 산출이 그가 지식에서 발견한 것에 대한 상징이며 전반적인 형성 활동에서 형식을 자유로운 예술 영역에서 빌려온다는 사실을 통해 비로소 자신의 자유를 의식한다. 그러므로 예술이 비록 유희라 하더라도 그것은 오롯이 인식함과 형성함에 병립하며 양자를 보완한다. 인간이 - 그것에 대한 학습이 기억에 지나지 않는 - 선험적 지식을 아무런 학습도 하지 않고 실제로 소유할 수 있다면, 자신을 모든 외부의 인상에 맞서 단련함으로써 자연으로부터의 단순한 자립성에 만족할 수 있을 것이다. 이렇게 되면 진지함의 전체 실행은 유희 앞에 무력하게 될 것이며 인간은 금방 예술 가운데서만 살게 될 것이다. 왜냐하면 종교적 감정과 감각적 감정도 자유로운 산출로 이행함으로써 비로소 시간의 종속에서 해방되기 때문이다. 그러므로 전반적인 강력한 재교육과 더불어 예술도 필수적으로 발전하며 민족은 예술에 높은 가치를 부여한다는 것을 설명할 수 있다.

21. 반대로 예술의 이런 고상하고 성스러운 의미에서 빠져나간다면 예술도 필연적으로 유희일 수밖에 없다는 사실을 쉽게 알 수 있다. 왜냐하면 각각의 개별 예술 활동성 자체는 다른 활동성과 동일한 가치를 지니기 때문이다. 유희할 때 가치의 모든 차이가 사라진다는 것은 유희의 유일한 특유성이다. 도덕적 영역에서는 신념이나 태도와 관련해서 모든 것이 동일하지만, 행위는 서로 다른 가치를 지니기 때문이다. 이와 마찬가지로 지식에서는 이념이 동일하나, 형성하는 개별 의식은 다른 가치를 갖는다. 여기서 지식과 개별 의식은 행위

방식의 완전성이나 불완전성과는 무관하다. 그러나 예술 영역에서는 불완전성의 차이만 있다. 아주 작은 예술 작품이라 하더라도 모든 완전한 예술 작품은 최대의 가치와 같은 절대적 가치를 지닌다. (작은 예술 작품에서 최대의 예술 작품에서와 같은 만족을 가질 수 있다면 예술가는 당연히 이를 순수하고 보편적인 예술 감각의 결정적 표지로 삼는다.)

이에 맞서서 유통 중인 예술 작품의 가치를 서로 다르게 평가하는 것을 두고 외적인 이의를 제기할 수 있다. 이러한 평가는 완전히 무규칙적이지만, 유통 중인 예술 작품은 이미 자연적인 것이 아니며 근원적인 것도 아니다. 말하자면 각각의 예술 작품은 근원적 규정에서 나오는 고유한 이해의 내용을 담고 있다. 원상은 기분에서 자유롭게 발생한다. 그러나 왜 원상이 모든 작품 가운데 실현되지 않는지, 다시 말해서 모든 작품이 제대로 규정되지 않는지 그 이유를 묻는다면, 그것은 몇몇 원상만이 외부 세계와 연결되어 있기 때문이다. (원래 한 사람의 요구나 주문은 결코 다른 사람의 그것이 될 수 없다.) 다른 원상은 외부 세계와 관계하지 않는다. 외부 세계와 연결된 원상으로부터 어떤 것이 근원 존재로 이행하는 것이다. 그러므로 그 연관이 역사적으로 보존되지 않고 의미를 상실한 예술 작품이 있다면 그것은 이 근원적 연관에서 벗어난 것이다. 이와 같이 찢긴 조각이 없는 예술 작품은 유통의 대상이 아니다. 물론 예술가가 자기 작품으로 살아간다는 것은 대부분의 사회에 있는 불가피하지만 사소한 일이다. 다만 이것은 예술 작품의 가치에 해당한다기보다 그 정황에 해당할 뿐이다. 그러므로 여기에도 아주 큰 자의(恣意)가 지배한다.

22. 두 번째 이의제기는 좀 더 내적인 것으로, 작은 예술 작품에만 집중하는 예술가를 위한 존경심은 존재하지 않는다는 것이다. 그러나 이에 맞서서 기억해야 할 것은 첫째, 예술가와 맺는 관계는 제2 계열의 관계로서 작품의 가치와는 아주 다르다. 우리가 예술가의 모든 작은 작품들에 절대적인 가치를 부여할 수 있지만 개인적으로는 이들 작품에 보잘것없는 가격을 매길 수 있다. 작은 작품에 절대적 가치를 매기는 판단 가운데는 보잘것없는 것으로 판단한다는 어떤 암시도 들어있지 않기 때문이다. 그러나 사소한 것도 최고의 것으로 만드는 위대한 예술가가 존재한다(라파엘로와 뒤러의 아라베스크, 괴테의 경구27). 둘째, 경계에 놓여있기 때문에 이 명제가 적용될 수 없는 작은 예술 작품이 있다. 경구가 종종 논쟁적인 것처럼 오로지 하나의 목적에만 소용되는 작품, 경구와 장식처럼 독자적이지 않고 다른 것에 의존적인 작품, 작품의 가치가 작은 것 또는 이 작은 것과 결합된 난점을 극복하는

---

27 (역자주) 라파엘로와 그 제자들은 바티칸 성당의 복도를 아라베스크로 치장했다. 괴테는 "제한 가운데 비로소 거장이 드러난다"라고 말한다. 괴테의 경구에 대해서는 *Venezianischen Epigramme* (1790), in: *Musen-Almanach für das Jahr 1796*, hg. v. Friedrich Schiller, Neustrelitz 1796, S. 205-260 참조.

데만 있기 때문에 기계적 예술 영역으로 전락하는 예술 작품 등이 그러하다. 여기에 타당한 말은 난점의 극복이며, 이것에 해당하는 사례는 절단된 석재(石材)이다.[28] 여기서는 아무도 창작의 열광을 생각하지 못하고 오로지 완벽한 기교만 생각하며 창작을 오로지 작품 완성을 위한 적절성과 관련된 것으로만 고찰한다.

옅은 부조(浮彫)에 대해 좀 더 자세히 살펴본다면 우리는 항상 사소한 영역에 있으나 그럼에도 순수 예술 영역에 머문다. 여기에는 감동이 지배하며, 여기에 위대한 예술가들이 참여한다. 위대한 예술가들이 속하는 폐쇄적인 예술세계의 크고 작은 작품을 고찰해 보면 사정은 전혀 다르다. 여기서 예술 작품의 가치가 구별된다. 다만 폐쇄적인 예술세계는 직접적인 예술 작용을 위해 존재한다기보다 비평을 위해 존재한다. 이것은 또 고찰이다. 이러한 전체를 생동성으로 현재화할 수 있는 사람은 이를 직접적으로 향유할 수 있다. 이렇게 되면 모든 개별 작품은 개별 부분들에 불과하게 되지만, 이 개별 부분들은 직접적 향유에서가 아니라 오로지 비판적 작업에서만 분리되고 비교된다.

아직도 남아있는 문제는 특유성에서 나오는 원상의 근원과, 전달하기 위해 특유성을 외적으로 표현하는 것 사이의 가상적 모순이다.

---

28 (역자주) 카메오와 같이 돌을 세공한 보석을 생각할 수 있다.

왜냐하면 전달할 수 없는 특유성과 전달은 서로 모순되기 때문이다. 양자는 실제적 대립이기도 하다. 그러나 삶 전반이 대립의 결합인 것과 같이 현실에서는 대립이 항상 서로 다른 관계로 통합되어 있다. 지식의 표현과 형성에도 특유함이 있으며, 감정에도 공감이 있다. 모든 개인은 자연의 동일성을 지니면서도, 자기 안에서, 특히 능동적인 방식으로 이를 변형하는데, 여기서 인간은 인간류에 대한 특유한 관계를 표현한다. 왜냐하면 저급한 단계에서는 특유성이 오직 수동적이기 때문이다. 자연의 통일성과 개인의 무한한 다양성 간의 규정적 다수성인 민족 특유성은 그 자체가 규정적 만족 포인트로서 자의적으로 형성되지 않고 자연에 부합하게 존립한다. 예술의 이해 가능성과 이념의 전달 가능성은 민족 특유성을 통해 제약된다. 대립은 절대적이지 않으므로 매개도 상대적일 수 있으며, 따라서 상대를 배제하지 않는다.

그러나 민족공동체의 일원만이 직접적 생동성을 가지고 이해한다. 우리는 먼저 보편적인 인간 직관을 통해 민족의 차이를 바라보고 이를 해소해야 한다. 그러므로 우리는 모두 똑같이 만족할 수 없다. 또한 한계도 동일한 모습을 견지할 수 없는데, 많은 민족은 아주 친화적이지만 다른 민족은 거의 친화적이지 않다. 민족들이 확고하게 분리되는 시대가 있는가 하면, 서로 더 융합하려는 시대도 있다. 이런 유동적인 한계 안에서는 민족 특유성이 예술의 본질에 속한다.

23. 민족의 차이가 유동적임을 보여주는 다른 주제를 가져와야 한다. 1. 자연 생명체는 다양한 존재이며, 모든 것은 개별 민족에게서 똑같이 형성되지 않는다. 그러나 교육받은 사람은 특유한 각인과 특징을 받아들일 수 있다. 따라서 민족적인 것은 모든 예술 가운데 똑같이 형성되지 않는다. 많은 민족은 어떤 예술 영역에서는 분리되지만 다른 예술 영역에서는 서로 교류하는 것처럼 보인다. 2. 모든 민족은 처음에 무교양의 상태에 있기 때문에 전반적으로 융합하나 다음에는 서로 분리되는 일이 증가한다. 이것은 특수한 지점에서도 반복될 수 있는데, 이는 처음에는 와인 종(種)을 쉽게 구별하나 나중에는 이를 구별하기가 어려워지는 연수(年數)가 있는 것과 같다. 예술에서도 지역을 구별하지 않고서 예술 작품을 쉽게 인식하는 시대가 있다.

불변과 유동이 이렇게 공존하는 가운데 민족에 따라 이루어지는 예술 분류는 지금까지의 모든 구분을 통해 일어난다. 따라서 개별 예술들 안에서 국가적 차이가 있으며, 고상한 스타일과 저급한 스타일 등에서 보이는 국가적 차이도 있다. 그 자체로 고찰하면, 모든 국가적 예술세계는 개체, 즉 오로지 직관의 무한성을 통해서만 고갈될 수 있는 개체이다. 국가적 예술세계를 구별하는 일반적 인식은 예술의 역사를 결정해야 한다. 왜냐하면 이것은 오로지 우리의 관할구에서 배제되고 좀 더 경험적으로 쏠린 고찰에서만 가능하기 때문이다. 이 나라에서는 원리 자체만 세워질 수 있다. 우리는 예술의 공통적 통일성을 위한 규정을 추구해 왔기 때문에 계속 이어져 온 차이의 소질을 재차 발견한 것이다.

다음으로 예술에서 완전성과 불완전성의 흥미로운 대립을 위해 예술들을 종류대로 구분하기에 앞서 보편적인 고찰의 자리가 남아있는지, 아니면 모든 개별 예술을 위해 오로지 특수한 완전성과 불완전성만 존재하는가 하는 물음이 있다. 이 둘째 물음의 자리는 실행(Ausführung) 행위에 있거나, 원형이 이미 특정 예술을 통해 변형된 한에서 원형에도 있을 수 있다. 보편적 완전성과 불완전성이 존재해야 한다면, 이 완전성과 불완전성은 원형이 기분에서 나오거나 기분 자체 가운데 이미 들어있는 한에서 바로 그 원형에 자리해야 한다.

24. 이제 우리는 개별 예술들과의 관계를 떠나서 특정 완전성이나 불완전성을 증명할 수 없다. 다른 측면에서도 예술이 어떻게 사유의 전체를 차지하게 되었는지를 전혀 설명할 수 없다. 그렇지만 우리는 이미 발견한 것 속에서도 열광과 신중의 공존을 알아낸다. 실행의 모든 완전성은 신중함에 속한다. 그러나 열정의 최소치가 불완전한 것은 분명하다. 열정은 다름 아니라 기분을 통해 자극받는 자유로운 산출이다. 그러므로 열정 자체는 모든 예술에서 동일하다. 그때마다 갱신되는 특정 예술 자체의 가치는 보편적인 예술 충동에서 나온다. 우리는 두 가지의 상이한 완전성을 갖는데, 그 하나는 지금 서술하고

있는 보편적, 일반적 부분에 속하고, 다른 하나는 특수한 부분에 속한다. 이러한 보편적 부분의 현존에 기인하는 것은 다음과 같다. 하나의 보편적 이론이 존재할 수 있다는 것, 특정한 매체를 배타적으로 다루지 않는 예술 판단이 존재한다는 것, 그리고 모든 영역에서 동일한 호불호(好不好)의 취미가 존재한다는 것이다. 예술 일반은 판타지의 복잡한 유희에서 생기므로 예술의 완전성은 예술이 이 유희에 어떻게 맞서는가에 달려있다. 복잡한 유희는 다수, 즉 통일성과 다수성이 구별되지 않는 무규정적 다양성이다. 여기서는 일련의 표상이 떠오르는지 또는 유일한 표상이 스스로 전개되는지 아무도 모른다. 이것은 꿈의 본질이며,[29] 어떻든 간에 복잡한 유희이기도 하다. 이에 반해 예술 작품의 원형은 대립의 긴장, 즉 특정한 통일성과 다수성이므로 복잡한 유희와는 이중의 방식으로 구별된다. 첫째, 예술 작품의 원형은 개별성의 규정을 통해 구별되며, 이것은 기초적 완전성이다. 둘째 예술 작품의 원형은 전체성으로서의 다수성이 자기 내적으로 결정되는 방식을 통해 구별되며, 이것은 유기적 완전성이다. 다만 구별은 절대적 구별이 아니다. 무규정적 다양성은 전적으로 사라지지 않으나 예술 작품의 직접적 부분으로 간주할 수 없는 절대적 내면으로 되돌아

---

29 (역자주) 슐라이어마허의 1818년, 1821년 '심리학 강의' 참조. Schleiermachers Vorlesungen über die Psychologie von 1818 (KGA II/13, 440-443); Psychologievorlesung von 1821 (KGA II/13, 127-128). 원문 69쪽 참조.

온다. 이와 마찬가지로 원형은 분리된 전체이다. 그러나 원형은 그것이 사용될 때 창작하는 예술가에서 뿐만 아니라 전달하고 기억하는 관찰자에게서 다시금 복잡한 유희와 결합한다. 그렇지만 원형은 예술작품의 존재와 영향에서 지속적으로 배제된다.

우리는 먼저 기초적 완전성을 다룰 것이다. 우리는 최소한 개별자에 대한 사유에서 모든 것을 증명해야 한다. 여기서 특정 예술을 영구적 패턴이나 도식으로 보는 함정에 쉽게 빠지며 말하고 있는 것을 단지 특수한 것으로 보이게 만드는 표현을 한다. 우리는 이를 경계해야 한다.

연역적으로 보면 기초적 완전성은 예술 작품의 부분인 표현이나 묘사가 판타지의 자유로운 유희에서 등장하는 묘사와 구별되는 방식에 있다. 우리가 이 정식을 전개하기 전에 두 가지 설명이 가능하다. 표상이라는 표현은 아주 특수하게도 개념과 관계하는 담화예술에만 적합한 것으로 보이며 그림과 관계하는 조형예술에도 적합한 것으로 보인다. 왜냐하면 이 두 요소는 표상이라는 일반적 표현에 포함되기 때문이다. 표상은 유동적 예술에 포함되지 않는데 그 이유는 소리와 운동은 표상이 아니기 때문이다. 담화예술과 조형예술은 오로지 생성적 의식인 한에서만 가치를 갖는다. 넓은 의미로 사용되는 표상이라는 표현을 통해 이 모든 것을 설명하는 것은 통속적인 언어사용이다. 담화예술과 조형예술이라는 요소들이 오로지 의식으로만 고찰된다는 것은 분명하다. 왜냐하면 그것들이 개념과 그림이라는 요소에 미치는 효과나 신체에 미치는 효과는 전혀 고려되지 않고, 오직 그것들이 예술가에게 의식으로 어떻게 나타나는지, 그리고 다시 의식으로서 관찰자에게 어떻게 영향을 미치는지만 고려되기 때문이다.

이들 요소가 실천적, 이론적 방향에서 발생하는 표상과 어떻게 구별되는가 하는 문제는 왜 중요하지 않을까? 답변은 두 가지이다. 첫째, 요소의 자유로운 산출은 특정 영역으로 구분되며 그래서 이들 간의 비교는 불필요하다. 둘째, 자유로운 산출은 선택된 표현 가운데 이미 포함되어 있다. 왜냐하면 혼란스러운 것은 정식 자체의 전개가 보여주는 바와 같이 요소들과 규정적으로 구별되지 않기 때문이다.

25. 판타지의 통상적 유희는 현실 가운데서 현실을 위해 빌려오며 기억으로 연결된다. 한편으로는 예감으로 연결되며 다른 한편으로는 미래 행동의 예비적 구성으로 연결된다. 예술 활동성이 이러한 다수의 양에서 일어난다면 예술 활동성 안에 있는 자유로운 산출은 동일한 방식으로 제약되어서는 안 되며 자유롭게 이루어져야 한다. 자유로운 산출은 현실로부터 독립적이어야 한다. 이렇게 되면 우리는 판타지가 생산적인지 아니면 단지 재생적인 것에 불과한지 하는 물음과, 예술이 자연을 모방하는지 모방하지 않는지 하는 물음으로 되돌아간다. 앞의 대립은 물론 상대적인 것에 지나지 않는다. 만약 통상의 판타지가

재생적이라면 예술 활동성은 더 생산적이어야 한다. 판타지가 현실로부터 독립적이어야 한다면 그것은 예술을 모방해서는 안 된다.

　모든 현실적 개체의 전개 과정은 부분적으로 불투명하다. 외적 영향은 정확하게 일치하지 않으며 내적 발전 과정과 함께 나타나기 때문이다. 그러나 순수하게 활동하는 판타지는 인간이 내적으로 가지고 있는 원형들로부터 출발한다. 이들 원형은 보편자를 대상으로 가질 뿐 아니라 아래로 내려가 특수자 및 개성적 존재도 대상으로 삼는다. 모든 인간은 그의 독자적 본성이 인간 본성 일반에 대해 맺는 관계를 매개로 자기 안에 모든 인간적 개성을 지니며 이를 통해 타자 가운데 매개된 개성도 지닌다.

　따라서 예술 작품의 요소는 아무런 결핍과 위축 없이 그의 영원한 순수 존재 가운데 묘사되어야 한다. 이것은 예술 영역에서 이루어지는 이상(Ideal)이라는 표현의 본래적 의미이다. 인간적 이상 일반에 대해서는 결코 언급될 수 없다. 그러나 모든 인간은 하나의 이상이며, 모든 종속적 존재이기도 하다. 그가 삶의 영역에서 순수하게 빠져나오는 것은 불가능하다. 그러므로 예술은 현실의 보완이다. 하나의 표상은 그것이 묘사 대상의 순수한 형태를 특수하게 드러내는 한에서 하나의 참된 예술 요소이다. 이것은 순수한 생산성인데, 그 이유는 영혼이 대상의 순수한 형태를 결코 본 적이 없으며 이를 묘사하면서 모방하거나 재생산하지 않기 때문이다. 표상이 현실 세계까지 서술한 후에도 이 형태의 주변을 넘어가지 않는 것은 당연하다. 현실 세계는 이상 세계의 좋은 모사(模寫)인데, 이는 이상 세계가 현실 세계의 모사인 것과 같다. 그러나 이상 세계는 그가 보고 자극받은 것 없이 지닐 수 없다. 외적인 영향 없이는 어떤 활동성도 규정적인 것이 될 수 없기 때문이다. 활동성은 그것이 품고 있는 세계의 도움을 통해서만 산출한다.

26. 기초적인 예술 완전성에 대한 설명은 대부분 시문학과 조형예술에 적용되었으며, 이를 음악과 무언극에 적용하는 것은 어려운 것 같다. 여기서 감정과 정열의 직접적 표현은 예술이 거리를 두어야 하는 주어진 현실이다. 엄격하게 적합한 것은 이상이며 진정으로 자연 가운데 놓여있는 것이다. 왜냐하면 모든 삶의 표현은 박자와 리듬을 갖는데, 이것은 현실을 절대 벗어나지 않으나 불투명하기 때문이다. 더욱 어려운 것은 소리와 운동에 들어있는 판타지의 복잡한 유희와 관련된 유비를 발견하는 일이다. 그러나 음악과 무언극이 원래 늘 동반 예술이었는지를 의심할 수 있으며, 그래서 운동과 소리의 유희가 동반하는 방식을 불투명하게 의식하게 된다.

이제 우리가 음악과 무언극에서 엄격한 척도를 가지고 기초적 근본 완전성을 발견함으로써, 즉 여기서 엄격한 척도가 이상적인 것이라면, 이 이상은 근본 완전성을 지배적인 전문용어와 비교하게 하는 동인이 된다. 나는 결핍이 없는 현존의 표현을 무엇보다 셸링에게 발견했다. 그가 이 표현을 나와 같은 방식으로 도출하지 않았고 내 생각과 같은 것을 의도하지 않았음에도 불구하고 이것을 받아들였다. 이 정식을 위한 말은 셸링에게는 아름다움이며 나에게는 이상인데, 결국 이 둘은 같은 것이다.[30] 이에 반해 한편으로 나는 아무것도 갖지 않는다. 내가 이상을 전적으로 공허한 표상인 보편적 이상으로 보지 않으려고 한다는 사실이 이를 통해 아주 분명해지기 때문이다. 그러나 나는 기만하려고 하지 않으며 오히려 다음과 같이 설명하고 싶다. 나는 이상을 두 가지 이유에서 아름답다는 표현으로 지칭하는 것보다 오로지 인간 정신에 내재하는 개별 존재의 순수한 형태를 향하는 방향으로 이해하는 것을 선호한다. 첫째, '아름다운'이라는 표현은 이미 자연에 바쳐진 것이며 예술에 전이된 것이다. 그래서 예술이 재생적이며 자연의 모방자라는 잘못된 견해가 쉽게 생겨난다. 자연은 아름다움을 흩어놓을 뿐이지만 예술은 이를 짜맞춘다. 부분적 아름다움은 이를 전체 아름다움과 비교할 때와 같은 방식으로는 결코 인식될 수 없다. (따라서 고대인들은 규범[Kanon]을 알지만 관념의 코와 눈은 모른다.[31]) 판타지는 그것이 이러한 의미로 재생될 수 있기에 앞서

---

30 (역자주) 셸링의 『자연에 대한 조형예술의 관계』 참조. *Schleiermachers Notizen zur Äthetik I, S. 7,1ff.* 참조.

31 (역자주) 그리스의 조각가 폴리클레트(BC 5세기)의 규준(Kanon des Polyklet)을

먼저 생산적으로 존재했어야 한다. 그러므로 아름다움은 차라리 자연을 위해 존재하나, 순수한 전형을 직접 의식에 떠오르게 하는 것은 관념적이다. 현실에서 이상과 일치하는 것은 아름답다. 아름다움의 두 번째 원인은 다음과 같다. 우리에게 아름다움이란 본디 형태에만 직접적으로 그리고 배타적으로 관계하고, 생동적인 형태에 애착을 갖는 한에서만 운동에 귀속하는 것이다. 우리가 아름다운 소리와 아름다운 성격에 대해 언급한다면 표현은 보편으로 용해되어 버리며, 이것은 더는 아름다운 행위에 대해 언급하는 것과 같이 조정되지 않는다. 다양한 중심 영역에 들어있는 이상의 특수한 표시를 이 영역을 위해 찾아내려고 하는 것은 아직 이 논의에 속하지 않는다. 다만 우리는 아름다움이라는 표현의 사용을 조형예술 영역에서 계속 몰아낼 수 없다는 것을 예견할 수 있다.

27. 자연 속의 아름다움이 산출하는 것과 같은 인상을 산출하기 위하여 예술이 자연을 더 잘 모방하는 데서 출발함으로써, 그 어떤 특정 관심에도 맞아떨어지지 않는 만족을 산출하는 숭고가 자연 속에 존재하며 예술 가운데도 숭고가 등장한다는 사실이 드러난다. 그래서

___

지칭한다. 그의 동상 "Doryphoros"는 고대 로마에서 본보기가 될 만한 영향을 미쳤다. 원문 72쪽 참조.

사람들은 이론에서 아름다움과 숭고를 총괄했으나 그 어떤 설명도 이를 정당화하지는 못하고 있다.[32] 아름다움과 숭고 간의 상대적 대립을 찾아내는 것은 아마 영원히 불가능할 것이기 때문이다. 그런데도 예술에 부합하는 것 하나가 존재해야만 할 것이며 이것이 두 쪽으로 나뉠 수 있어야 할 것이다. 이 둘은 곧 아름다운 것과 숭고한 것이다. 그러나 이 둘은 현실로 나타나지 않았다. 원래는 이것도 순수 경험적 과정으로부터만 생성된다. 사람들은 예술을 영향의 측면에서 고찰했으며, 여기서 쾌와 불쾌가 등장한다. 많은 것이 쾌와 불쾌로부터 배제되었다. 불쾌 일반은 잡다한 지각의 구성 부분이라고 배제되었다. 모든 자극적인 것과 탐욕스러운 것은 쾌에서 배제되었다. 순수한 만족으로 남았던 것은 혼합된 지각들의 정점인 아름다움이다.[33] 왜냐하면 인간은 큰 것과 비교할 때 자신의 작음을 의식하기 때문이다. 이와 마찬가지로 감동적인 것과 우스꽝스러운 것이 남았다. 이 사이클을 규정하기 위한 그 어떤 암시도 없었다. 예로부터 예술의 판정자가 숭고를 탐구의 대상으로 삼아온 것과 다른 어떤 올바른

---

32 (역자주) 칸트의 『판단력 비판』 참조. "자연미는 한계 속에 있는 대상의 형식에 관계한다. 이에 반해 숭고는 대상 가운데 한계가 없는 한에서 형식 없는 대상에서 발견되어야 한다." (Kant, AA 1/V, 244) 슐라이어마허는 Über das Naive (1789)에서 멘델스존의 숭고와 소박 개념에 대해 논쟁한다. Schleiermacher: *Über das Naive* (1789), KGA I/1, S. 177-187 참조.

33 이것은 숭고를 뜻한다.

것이 이 가운데 들어있음이 틀림없다.[34]

이상은 실제에서 멀어져야 한다. 그러므로 내적 본질은 우연성을 통해 규정되어서는 안 된다. 그럼에도 각각의 유형(Typus)은 세계의 부분에 불과하며 다른 존재들과의 공존을 통해 비로소 규정된다. 그러나 이렇게 규정된다는 것은 많음이나 적음을 허용하며, 여기서 최대치와 최소치가 발생한다. 공존을 통한 규정이 최소이고 자기규정이 최대인 것은 숭고이다. 절대 숭고한 대상은 신이다. 신의 자기규정은 전체 공존의 근거이므로 이 주장은 항상 인정된다. 이와 마찬가지로 별들은 복수의 세계로서 숭고하다. 왜냐하면 별들은 피조물의 규정적 사이클의 공존 근거를 소유하기 때문이다. 그러나 모든 유(類)에서도 모든 개별 존재의 규정됨은 상대적 대립에 예속된다. 그러므로 최대한의 무규정성을 외부에서 증명하는 인간은 숭고하다. (나는 신을 두려워한다, 친애하는 아브네르여. 그리고 나는 다른 어떤 것도 두려워하지 않는다.[35]) 인간과 관련된 산과 바다는 숭고하다. 한 존재의 자기규정이 나머지 존재의 유효한 공존을 파괴한다면, 이런 과잉 숭고는 조야(粗野)이다. 대립적 지점은 귀여운 것이다. 그러나 순수한 유형도 공존에서 양적으로 억눌린 것이다. 과도한 귀여움은 위축과 불구이다. 그러므로 귀여움과

---

34 (역자주) 이것은 위(僞)-롱기노스(Pseudo-Longinos)의 Peri hypsous(Über das Erhabene)를 가리킬 수 있다.

35 Jean Racines의 비극 "Athalie" (Paris 1691, 1막 1장).

숭고는 둘 사이에 이상이 활동하나 어떤 것도 이상 바깥에는 존재하지 않는 경계 지점이다. 귀여움과 숭고는 이상에서 빠져나가는 거처럼 예술 영역에서도 빠져나간다.

28. 기초적 완전성에 관한 종래의 이론이 더 설명되어야 하며 관련된 이의제기가 제거되어야 한다. 먼저 예술 활동성은 직접적으로 자극받은 감정에서가 아니라 함께 정립된 기분으로부터 이루어진다는 사실로부터 앞의 주장이 입증될 수 있어야 한다. 기분에는 항상 자극의 완화가 들어있다. 자극의 완화는 소멸로, 즉 부정적으로 설명되어야 하는 것이 아니라 항상 긍정적인 것이 고려되어야 한다. 정열적 자극에서 대부분 발생하는 것은 인간이 현실을 통해 불투명하게 된다는 사실이다. 그러나 기분의 총체성에서는 내적 유형이 재등장한다. 그러므로 기분이 이런 유형의 표현에서만 나타날 수 있다면, 실제에 대한 표현은 오로지 지배적인 실천적 자극과 결합할 뿐이다. 이것은 예술이 정열을 완화한다는 사실에서 드러나는 진리이다. 이것은 자연적 성과의 한 부분이다.

다음으로 우리의 표현을 올바로 이해하면, 이상이 전반적으로 동일하지 않으며 이를 통해 예술에 대한 우세한 민족적 타당성이 함께 규정된다는 사실이 드러난다. 모든 사람은 세계의 형태를 동일한 모습으로 소유하지 않는다. 오히려 세계의 형태는 변형되며 기후적으로 형성된다. 형태가 이성의 측면과 판타지의 측면에서 변형되고 형성되는 것도 마찬가지이다.

이상이 보편적인 기초적 완전성이라면, 이 완전성은 경쾌하게 노는 사람의 측면과 아이로니컬한 것의 측면에서도 존재해야 할 것이다. 이상도 이렇게 관계한다. 오로지 표현의 전도된 사용만이 이상의 직관을 방해한다. 희극적 인격은 결코 현실 가운데 존재하지 않으며 예술에서만 등장하는 순수한 유형도 갖고 있다. 이 두 가지 최종지점에서 동일한 것이 입증됨으로써 중간에 놓여있는 모든 것에서도 동일한 것이 존재해야 한다. 이것은 실제를 다소간에 모든 예술 분과에서 입증하려고 하는 다른 작용에서도 동일하다. 만약 인간이 그 어떤 현실적 순간에서도 묘사되지 않고 우리의 의미에서 이념화된다면, 초상화에서 시작하는 이것은 오로지 예술 작품일 뿐이다. 원래 늘 초상화인 풍경에도 동일한 것이 적용된다. 초상화만을 포함하는 특정 시대의 그림은 이런 한에서 저급한 예술 작품이다. 이것은 특정 사건을 묘사하는 그림이며 서명 없이는 이해할 수 없는 그림이다. 역사적 조각술의 규모는 모든 것이 이상적인 상징적, 신화적 그림과 함께 처음으로 등장한다. 보편성은 여기서도 입증된다.

전체의 완전성은 무엇보다 복잡한 자유로운 유희에 대한 대립에서 이해되어야 한다. 자유로운 유희는 모든 무규정적 개별에서 무한자로의 무규정적 이행이다. 자유로운 유희는 내적으로 아무런 한계가 없으며 다른 활동성이 등장함으로써 끝나거나 꿈속에서 끝난다. 이에 맞서 예술 작품은 내적으로 결정된 것이어야 하며 그 작품의 범위 안에서 운동을 고수해야 한다. 이 운동이 관찰자에게 일어나기 위해서는 그의 예술 감각이 추가되어야 한다. 예술 감각이 적을수록 사람들은 개별자를 고립시키며 이들 개별자를 저속한 유희를 위한 출발점으로 삼는다. 그러므로 전체에 대한 개별의 관계는 개별자의 흩어지는 힘을 지양해야 하며 전체를 하나의 규정적 통일성으로 파악하고 이 전체 안에 머무르기 위하여 각각의 다른 개별자들과 협력해야 한다.

29. 예술 작품은 그 원형을 확정함과 동시에 주어져 있는 것이며, 따라서 주어져 있는 다른 표상이 자극하는 것처럼 복잡한 유희를 자극한다. 그러나 복잡한 유희는 그것과 동일한 근원 때문에 소멸할 수 있다. 예술 작품에서 본질적인 것에 맞서 부속물(Beiwerk)로 일컬어지는 것을 이러한 사실에 근거하여 평가해야 한다. 이로써 자유로운 유희는 마음을 사로잡게 되며 예술 작품과 통일된다. 그러나 본질적인 것의 완전성은 이중적이다. 첫째, 모든 개별은 서로 관계하면서 전체성과 일치된다. 모든 개별은 다름 아닌 나머지 모든 것과 관계할 수 있다. 둘째, 각각의 예술 작품은 전체 영역에서 나온 개별적 활동성이므로, 이 작품은 전체 영역을 자극한다. 이 작품이 전체 영역 가운데서 알려지지 않은 것과 관계하면 다시금 통일성을 지양하는 무규정적인

다양한 운동이 발생한다. 따라서 이것은 유기적인 것이어야 한다. 전체는 조용한 방식으로 개별 예술 작품과 함께 정립되어야 한다. 예컨대 신화에 나오는 모든 계기나 예술세계의 역사적-상징적 사이클(連作)에서 나오는 모든 계기는 전체 영역의 유기적 부분이다. 음악 및 서정시와 같은 다른 예술들은 이러한 사이클을 제공하지 않는다. 이에 반해 이들 예술은 다양한 묘사와 유기적으로 관계하려고 하는 특정 형식의 사이클을 가지며, 이러한 형식이 아주 긍정적으로 나타나고 변화한다 해도 이들 [예술 자체의] 목적은 달성된다. 본질적 완전성의 두 부분은 같은 방향성을 가지므로 서로를 보완한다. 내적인 관계가 더 정확할수록 전체 예술 영역을 유기적으로 보려는 요구가 더 줄어든다. 또한 구성의 완전성은 기초적 완전성과 정확하게 연관된다. 현실은 동시에 모든 관계 속에 있으므로 종결의 아픔을 겪지 않는다. 오로지 이상만이 항상 예술 작품 가운데 존재하는 것일 수 있다. 그러므로 신비적 대상은 엄격하게 완결된다. 역사적 형상은 그것이 현실 가운데 많이 있을수록 더 적어진다.

30. 부속물은 본질적 요소가 변화할 수 있다는 사실을 제외하고 달리 존재할 수 있고 결핍될 수 있는 모든 것이다. 왜냐하면 본질적 요소는 모든 것의 변화 없이는 추가되거나 수정될 수 없기 때문이다. 부속물은 이 정도로 중심부의 의미에 참여하지 않는다. [예컨대] 우스운

것, 작은 보조개, 모든 식물을 상징적으로 고찰하려고 하는 것이 그러하다. 그러나 부속물과 주 작품(Hauptwerk)의 대립도 절대적이지 않다. 역사적 그림에 들어있는 풍경과 건축물은 부속물이다. 이것은 최소치로만 있을 수 있으나 이것이 본안이 된다는 사실을 추가할 수 있으며, 그 모습이 부속물에 지나지 않는다는 것을 의심할 수 있다. 그러므로 모든 등급이 가능하나 어떤 것은 늘 순수한 부속물로 남아있어야 한다. 모든 예술 영역에는 스타일의 차이가 있다. 최소한의 부속물만 허용하는 엄격한 단순함이 있는가 하면 그 최대치를 참아내는 풍부한 채움도 있다. 부속물이 예술 작품과의 동일성을 고수하기 위하여 예술 없는 유희를 향한 방어적 접근이어야 한다면 그것은 현실과 엄격하게 거리를 두어서는 안 된다. 따라서 조명과 정리 정돈의 사례에서처럼 부속물이 본래적 예술 영역의 경계에서 새로운 이상적 경향을 얻지 못할 때 누적된 부속물로부터 조용한 생활이 시작된다. 부속물은 대립을 위해 현실에 접근함으로써 이상을 주 작품의 특성으로 전제한다. 왜냐하면 만약 주 작품이 현실에 일치한다면 그 부속물은 부속물이 아니라 유기적 부분일 것이기 때문이다. 따라서 부속물과 주 작품의 완전성은 엄격한 형식이나 동일 부류의 내용에 대한 반대 지점을 형성한다. 부속물과 주 작품 사이에 복합체의 통일성이 있으며 내용의 이상적 특징이 있다.

이것은 앞서 언급한 본래적 예술 영역과 비본래적 예술 영역

간의 구별로 우리를 이끈다. 비본래적 예술 영역은 한편으로 조형적 활동성의 영역에 속하며 여기서 삶 속의 예술과 작품에 나타난 예술이라는 이중성이 드러난다. 다른 한편으로 본래적 예술 영역은 객관적으로 인식하는 활동성의 영역에 속한다. 우리는 특정 상황에서 학문적 저작을 예술 작품으로 부른다. 이것은 어떤 상황일까? 학문적 저작은 예술의 기초적 완전성을 공유할 수 없다. 왜냐하면 학문적 영역에서는 현실과 이상의 대립이 등장하지 않기 때문이다. 학문에서는 혼란 자체가 필연으로 해소되어야 한다. 그러나 학문적 저작은 체계적인 의미에서뿐만 아니라 예술적인 의미에서 구성의 완전성을 가질 수 있다. 각 요소를 전체 속에서 직관하고 전체를 각 요소 속에서 직관하기 위하여 각각이 일정하게 충족되어야 하기 때문이다. 학문적 저작이 하나의 예술 작품으로 불리는 것은 그것이 실제로 내적으로 완결될 때, 그리고 일반적인 방식을 따라 모든 것으로 환원시키지 않을 때이다. 삶 속의 예술은 정반대이다. 어떤 개인도 고립될 수 없으며 어떤 개별 행위도 고립될 수 없고 내적으로 완결될 수 없다. 그러므로 유비는 정반대의 지점에서 출발한다. 말하자면 삶에서는 눈앞의 혼란이 줄어들고 순수한 형태가 전개될수록 모든 것이 예술로 나타난다. 예술에 가까워지는 모든 것은 이상에 의존한다. 작품 속의 예술은 내용 면에서 부속물이며, 이는 모든 본래적 예술 작품에서 그렇듯이 단지 부속물일 뿐이다. 다른 한편으로 작품 속의 예술은 사정 상황에 따라 부속물이다. 이 경우에 부속물을 그 자체로 생각할 때 그것은 본래적 예술 작품일 수 있다. 후자의 경우에는 오로지 예술 작품의 장소로 간주되는 다른 작품을 예술 작품으로 끌어올리는 것이며, 전자의 경우 예술은 다른 영역으로 더 많이 사라지며, 따라서 이것은 항구적 이행이기도 하다.

31. 예술에 대해 아주 일반적으로 말한 모든 것이 총괄된 후 이전보다 더 포괄적인 방식으로 우리의 관점을 예술의 대립적 관점과 비교할 수 있다. 이 비교를 위해 세 가지 개념, 즉 (여기서 구성하거나 연역할 필요는 없는) 아름다움, 진리, 선을 실마리로 삼을 수 있다. 동일한 방식으로 아름다움은 예술에, 진리는 인식 활동에, 선은 형성적 활동에 귀속되어야 한다. 이러한 평행에서 아름다움은 기초적 완전성을 의미하는 것이 아니라, 두 가지 완전성의 동일성을 표현하는 것이어야 한다. 우리의 비교는 여기서 시작해야 한다. 선이 모든 형성적 활동의 완전성을 표현한다면 여기서 예술의 대상이 아닌 것은 등장할 수 없다. 두 활동성은 동일한 유형을 토대로 하므로 예술 활동성은 이 영역에서 선도 산출해야 한다. 마찬가지로 진리는 인식의 완전성을 위한 표현이다. 예술의 대상이 될 수 없는 것은 인식에 등장할 수 없다. [인식과 예술은] 동일한 유형을 토대로 하므로 예술은 이 영역에서 진리도 산출해야 한다. 그러나 진리와 선은 보편적 연관에서만 존재하

고 인식될 수 있으나 예술 작품은 보편적 연관을 갖지 않는다. 보편적 연관을 창출한다면 우리는 예술 감상과 예술 판단을 벗어나게 된다. 만약 한 [사람의] 성격의 통일성을 보완하려 하거나 한 계기에 표현된 자연 대상의 발전 과정을 보완하려고 한다면 예술 감상과 예술 판단을 벗어나게 되는 것이다. 그러므로 예술에서는 전반적으로 진리와 선의 가상만 존재한다. 그러나 이런 이중적 가상에서도 아름다움의 개념이 완전히 개방된다. 왜냐하면 예술은 인식하는 활동과 형성하는 활동의 대상을 표현할 수 있기 때문이다. 그러나 이러한 특징은 예술에 부합하게 표현된 것 자체가 선과 진리의 이념과 연관된 원형이 아닐 수 있다는 것을 막지 못한다. 현실에서 개별적으로 등장할 수 있는 모든 것은 개별적인 모사물에 지나지 않는다. 예술이 절대자의 직접적인 산출이라고 말하면서 이를 통해 예술을 학문과 덕 위로 고양하려고 한다면, 예술은 항상 개별적인 것만을 산출하며 자기 안에서 절대자의 상징인 연관자를 산출하지 못한다고 바로 잡아야 한다. 인식 활동성과 형성 활동성은 개별적인 것을 나란히 결합하는 지속적인 근접을 통해 그 일을 완수한다. 예술은 근접을 통해 이루어지나 이는 개별적인 것과 소외된 것의 무한한 반복을 거친다. (우리가 예술세계에 대해 말하고 개별자를 이 세계 전체로부터 이해하는 것에 대해 언급한다면 이것은 이차적인 역사적 이해이며 비판적 이해이기 때문이다. 각각의 개별자는 그 자체가 직접적으로, 그리고 독자적으로 고찰되고 감상되어야 한다.) 예술 속에서 모든 것은 가상이라고 말하면서 이를 통해 예술을 인식과 행위 아래로 끌어내리려고 한다면, 다른 개별자와 비교할 때 드러나는 개별자의 원형적 힘을 고려하면서 생각을 재차 조정해야 한다. 이와 같은 생각은 대립을 주목해 보면 드러난다. 예술과 학문의 내용은 동일하지만, 학문은 수용성이며 예술은 생산성이다. 학문에서 어떤 것이 고안되는 한 그것은 가설에 불과하다. 그런데 그것이 인식되려면 고안이라는 가상이 사라져야 한다. 예술에서는 고안되고 창작되는 모든 것은 오로지 독자적으로 존재한다. 그러나 창작되지 않으면 그것은 다른 것의 부속물에 불과하다. 이와 마찬가지로 예술의 내용과 (자기와 세계를) 형성하는 활동의 내용은 동일하다. 그러나 형성하는 활동에서 모든 개별자는 다른 개별자를 위하지 않음에도 보편적인 연관 가운데 있으며 이런 한에서 합목적적이다. 그러나 예술에서는 모든 것이 단순한 표현이며 아무런 목적성이 없다. 그러므로 예술의 고유한 본질은 그 자체로부터 창작되나 총체성과 연관해서는 아무런 목적이 없는 것이다.

32. 통일성에 속하는 모든 것을 발견한 이후 우리는 다양성의 원칙이나 대립을 추구해야 한다. 말하자면 우리는 개별 예술들을 구성하려고 하기에 앞서 예술을 관통하는 것들을 먼저 구성한다. 이 가운데 몇몇은 우리가 통일성을 찾을 때 이미 발견했으며 이를 나머지 것과 연결했다. 무엇보다 고대와 근대의 대립을 거룩함과

유희의 대립을 통해 파악한다. 예술적 산출이 신성(神性)의 이념이나 세계의 이념에 더 많이 관계할 수 있게 됨으로써, 다양성이 고대와 근대의 대립이라는 측면에서 존재할 수 있게 되었다는 사실을 위에서 이미 언급했다. 신성의 이념과 세계 이념 간의 관계는 철학적으로 여전히 고찰되지 않고 있으므로 여기서 논의할 수 없다. 그러나 나중에 등장한 진지함과 유희 간의 대립은 신성의 등장과 연관되어 있다. 왜냐하면 거룩함에서 신의 현시가 인간 가운데 등장한 것과 같이 유희는 보편에서 개별을 찢어낸 것이며 단순히 현세적인 것이 인간 가운데 나타난 것이기 때문이다. 이에 반해 정신적인 것이 오로지 물질적인 것에서 발생하는 곳에서는 정신적인 것이 눈에 띄지 않는 이행을 통해 다시금 물질적인 것으로 사라질 수 있다. 고대 예술의 최고인 신들은 특정한 개별적 자연들이다. 이 자연을 체계로 관찰하지 않으면 전체 예술은 혼돈적이다. 자연을 체계화한다면 하나의 존재는 모든 것을 통해 제약되며 자연은 하나의 세계를 형성한다. 이 대신에 근대 예술은 개별적인 자연들 자체에서 전적으로 후퇴한 신성한 역사를 갖는다. 기독교도 개별적 자연으로서 한 번도 완전하게 규정되지 않았다. 개별적인 자연들은 영원자의 계시 안에 있는 계기들에 지나지 않는다. 마찬가지로 신들이 조롱거리로 만들어지며 자기 파괴적 요소가 전체 신화를 관통한다. 근대 시문학에서는 위대한 예술가들에 의해 거룩하고 아이로니컬한 요소들이 한 작품 가운데 결합하나 내적으로는 엄격하게 나누어진다. 이제 이러한 대립은 지속된다기보다 단순히 서양적인 것에 해당한다고 말할 수 있다. 그러나 우리는 아직 근동의 예술을 우리의 이론으로 수용하기 위한 충분한 이해에 이르지 못하고 있다. 그렇지만 우리에게 최고로 분명한 근동의 시문학은 신과 세계의 무규정적 무차별에서 나온 것, 즉 앞에서 말한 이원론의 어머니라고 말할 수 있다.

33. 이러한 특징은 고대에는 자연의 측면이 등장하고 자유의 측면이 물러나는 것과 연관되며, 근대에는 자유의 측면이 등장하고 자연의 측면이 물러나는 것과 연관된다. 고대에는 근대에서보다 자연이 아주 적게 묘사된다고 말할 수 있다. 풍경 화가가 아예 없으며 실제적인 자연 묘사도 없다. 인간이 자연으로 표현되기 때문에 인간에 맞서는 사소한 자연은 사라진다. 근대에는 인간이 자유로 묘사되기 때문에 근대 예술은 외적 자연을 대립으로 사용한다. 고대에는 인간이 자연의 산물이며 그의 행위는 사건이다. 이와 마찬가지로 네메시스는 세계에 관계한다. 왜냐하면 그는 다름 아니라 안정을 향한 불분명한 노력이기 때문이다. 시적(詩的) 정의에 대한 저급하고 고상한 힘이 존재하는데 이러한 시적 정의는 신에게 연관된다. 모든 사람은 절대적 척도를 견지하기 때문이다. 이러한 대립은 물론 모든 예술을 관통하여 균일하게 진행하지 않는다. 그러나 예술 자체에서 [하나의 예술형식에서] 대립이

적게 등장할수록, 예술들의 관계에서는 [여러 예술형식의 관계에서는] 대립이 더 많이 등장한다. 예컨대 고대에는 조각이 많이 등장하는 반면 회화가 퇴조하고 근대에는 정반대 현상이 나타난다. 조각에서 인간은 자기만의 천성 가운데 홀로 나타난다면 회화에서는 조명의 관심으로 말미암아 좀 더 일반적인 천성 가운데서 점점 사라진다. 개별화되지 않고 점차 사라져가는 계기를 보여줄 수 있는 회화는 자유를 잘 묘사한다. 개별 예술들, 특히 시문학에서는 이보다 더 진전된 것이 마련되어 있다.

다른 대립은 이미 언급한 다수의 중심 계기에서, 다시 말해서 다수의 산출하는 기분과 형태를 만드는 원형 조성, 다수의 표현하는 실행에서 전개된다. 기분과 원형 조성은 창작과 고안(Erfindung)이며, 양으로서의 창작력은 독창성(Genialität)이다. 양으로서의 숙련된 실행은 거장성(Virtuosität)이다. 이로부터 예술 작품 가운데 대립이 발생한다. 창작이 아무런 거장성 없이 거장성의 의식적인 움직임과 함께 실행된다면 스케치가 발생한다. 스케치는 완성된 예술 작품이 아니라 준비이며, 실행의 시점을 기다린다. 거장성이 오로지 창작의 의식적, 의도적 결핍으로 실행된다면 우리는 이러한 작업을 자립적 예술 작품으로 부를 수 없으며 오히려 미래의 창작을 위해 특정 거장성을 연습하려는 의도만 있을 뿐이다. 여기서 공부가 발생한다. 독창성과 거장성의 상대적 동일성 가운데 순수하게 존재하는 것이 작품이다.

그러나 작품 가운데도 다시금 이중성이 있다. 주저하는 기분이 이러한 방식으로 내면에서 등장할 때마다 외적 동기를 가리키는 아무런 암시도 알 수 없다. 이것은 자유로운 작품이다. 동기가 지배적이라면 이것은 계기적 작품(Gelegenheitswerk)이다. 부당하게도 계기적 작품을 전적으로 저급한 류로 간주하려는 경향이 있다. 시문학에서도 고대 드라마의 영향이 나타나기 시작한다. 그러나 조각에서 모든 큰 작품은 계기적 작품인데, 그 이유는 조각이 오로지 동기에 의해 생길 수 있고 동기와 관련해서 생각되어야 하기 때문이다. 오로지 작은 작품만 자유롭다. 회화에서는 큰 작품과 작은 작품이 균형을 이룬다.

34. 회화는 스케치 자체가 실제로 나타나는 유일한 예술이므로 이러한 대립은 모든 예술 가운데 나타날 수 없는 것으로 보인다. 그러나 대립은 그 자체를 위해서는 별로 중요하지 않다. 대립은 고유한 작품을 두 그룹으로, 즉 실행이 의식적으로 무시되는 그룹과 창작이 비교적 적은 가치를 갖는 그룹으로 나누기 때문이다. 첫째 그룹은 엄격한 스타일을 형성한다. 왜냐하면 이 그룹은 시대와 결부되어 있기 때문이다. 둘째 그룹은 수단에 대한 미완의 지배로 나타나는 섬세한 스타일이다. (Ägina[36]와 연관된 그리스 조각 스타일, 고대 독일의

---

36 (역자주) *Αἴγινα*는 그리스의 섬.

회화) 여기서 창작 자체도 두 계기로 나누어진다. 하나는 특정 예술을 향하는 계기 및 기술적 모티프를 향하는 계기이며, 다른 하나는 기분을 향하는 계기이다. 기분을 향하는 계기는 보통 모든 예술 가운데서 시적인 것으로 불리는데[37] 이것은 부정확한 표현이다. 왜냐하면 시(Poesie) 안에서도 창작의 동일한 이중성이 일어나기 때문이다. 이러한 정신적 계기는 모든 예술 가운데 동일한 것과 관계한다. 이것은 오로지 시적인 것으로 불린다. 왜냐하면 사람들은 시를 통상 응축되고 집중화된 예술로 생각하기 때문이다. 그러나 이것은 원래 상징적인 것이다. 상징적인 것을 통해 개별자는 자기 안에서 기분을 반영하는 규정적 보편에 의해 표현된다. 모든 예술에 무차별적으로 관계하는 애호가는 대부분이 상징적인 것으로 옷 입고 있으며, 그들에게 특정 예술은 그 자체를 위해 존재하는 것으로 보인다. 대부분의 예술가는 특정 예술을 제약하는 그 무엇에 의해 규정된다. 그러므로 개별 작품에 대한 대립적

---

37 (역자주) 원문 82쪽 참조. "따라서 시가 특수한 예술이라면 전체 예술 자체인 예술만 존재한다. 그러므로 우리는 예술을 다른 개별 사물과 같이 고찰해서는 결코 안 된다. 오히려 예술을 스스로 현시되는 아름다움 자체의 이념으로만 고찰하거나 그 전체의 범위에서 시가 된 예술로 고찰한다." (K. W. F. Solger: Erwin. Vier Gespräche über das Schöne und die Kunst, Berlin 1815, 76-77) 졸거의 1819년 미학 강의에 대한 카를 빌헬름 헤이제의 필기 노트는 이것을 다음과 같이 서술한다. "시는 예술의 일반적 존재이며 이념의 내적 작용이다. 예술은 이념의 현상에 나타난 그 완성이다." (Solger: Vorlesungen über Ästhetik, hg. v. Giovanna Pinna, Hamburg 2017, 146)

양자의 판단은 자주 상이하다.

결국 우리는 예술 자체의 도식화를 시도해야 한다. 이러한 과제 없이는 보편 이론이 존재하지 않을 것이다. 보편 이론은 차이를 동일한 것으로부터, 즉 하나의 예술을 다른 예술과 비교함으로써 이해할 수 있기 때문이다. 이러한 도식이 존재한다는 것 자체는 엄청난 개연성이다. 왜냐하면 전반적으로 동일한 예술이 재창출되기 때문이다. 각각의 예술세계가 소유하는 최소치가 모든 예술에서 생겨나며 그 어떤 새로운 것도 발생하지 않는 것이다. 심지어 여기저기서 우연적인 것(승마 기술, 정원 기술, 지구 측정 기술)[38]에 불과한 것을 아름다운 예술로 간주하려고 한다. 그러나 이것은 늘 본래적인 예술 영역으로부터 비본래적인 영역으로 이행하는 것에 지나지 않는다. 우리는 구분 근거를 외적 대립에서 더 많이 가져오거나 내적 대립에서 더 많이 가져올 수 있다. 연속적으로 앞서가는 작품과 동시적으로 존립하는 작품이 그러하다. 이것은 음악과 무언극이 홀로 있다는 사실이 보여주는 오래된 중심 구별에 해당하는 것처럼 보인다. 그러나 근본적으로 오로지 기억에서 단 한 번 존재했던 것을 다루는 시에 해당한다.[39]

---

38 (역자주) 헤르더는 농업기술, 정원술, 의상 기술, 몸짓 기술, 주택 내부설비 기술, 승마 기술, 사냥 기술 등을 자유로운 예술로 꼽는다(J. G. Herder: Kalligone). Johann Gottfried Herder: *Kalligone*, 2 Th., Leipzig 1800; *Nachschrift Bluhme*, 1819, S. 241, 5-7 참조.

35. 전체의 구별은 오로지 가상적이다. 왜냐하면 입상과 그림은 단 한 번 현존하나 고찰은 연속적이기 때문이다. 시와 음악이 전적으로 동시에 현존하는 경우는 없다. 그러나 총체적인 인상은 단 한 번 현존한다. 결국 총체적 인상은 아주 하위적인 것에 불과하다. 또 다른 시도는 예술 작품을 파악하는 감각기관에 따라 구분하는 것이다. 조각과 회화는 눈을 위한 것이며, 무언극, 음악, 시문학은 귀를 위한 것이다. 최초의 회화와 무언극은 오로지 눈을 위한 것이며, 마찬가지로 조각은 촉각을 위한 것이다. 현재 사람들은 음악이 오로지 귀를 위한 것이며 시문학도 오성을 위한 것이라고 말한다. 그러나 다른 예술은 [즉, 조각, 회화, 무언극은] 어떤 하나의 감각만으로 파악될 수 없고, 그 상징적 내용은 항상 오성과 함께해야만 파악될 수 있다. 또한 구분 작업을 변경해서 다른 예술은 [즉, 조각, 회화, 무언극은] 모두 어떤 하나의 감각을 통해 오성과 더불어 수용되나 시문학은 오로지 오성과 더불어서만 수용된다고 말할 수 없다.

대상의 구분은 대상 자체가 보편적 영역과 분리되는 방식과 연계하

---

39 (역자주) 슐라이어마허는 A. W. 슐레겔이 예술을 시간 예술(연속적 예술)과 공간 예술(동시적 예술)로 구분한 것을 거론한다. 레싱에 의하면 "신체는 가시적 속성과 함께 미술의 대상"(동시적 예술)이라면 "계기들이 이어지는 행위는 시의 본래적 대상"(연속적 예술)이다. 원문 83-84 참조. Gotthold Ephraim Lessing: *Laokoon: oder über die Grenzen der Malherey und Poesie*, in: ders.: Sämtliche Schriften, 9. Band, hg. v. Karl Lachmann, Stuttgart 1893 (3. Auflage), S. 94-95.

는 것이 최선인 것 같다. 예술 활동은 그 자체가 다시금 하나의 형성인데, 그것은 인식의 주관적 측면의 형성 활동에 맞서서 드러난다. 말하자면 일회성이 아닌 불변적 인식에서 나오는 활동에 맞서서, 한편으로는 일회성의 수단인 소리와 운동(음악과 무언극)에서 드러나며, 다른 한편으로는 인식의 객관적 측면(조각술, 시 예술)에서 드러난다. 이것은 우리가 아주 분명한 구별을 알게 된 지점에 연관되며 이제 더욱 정확한 고찰을 요구한다. 1. 모든 형성 활동의 근간에는 인식 활동이 놓여있다. 기분이 인식 활동에서 밖으로 나감으로써 기분은 맹목적이고 목표가 없는 활동으로 진행한다. 그것의 외적 종착점은 본래적 감정 및 본래적으로 형성하는 활동으로 근접하는 것이다. 2. 음악과 무언극의 이중성은 우연적으로 나타난다. 모든 표현은 드러냄 내지 현시이며 직관함을 전제한다. 여기에 드러냄의 두 가지 매개, 즉 공기와 빛이 있다. 이 두 가지만 있다는 사실과 그 이유는 순수하게 물리적인 탐구이다. 빛을 통해 인간은 지속적으로 형태로 드러난다. 그러므로 예술의 드러냄 내지 예술의 현시는 형태의 변경에 불과하다. 공기를 통해서는 [형태가] 지속적으로 드러나지 않는다. 따라서 음악은 직접적으로 산출한다. 3. 조각술과 시작(詩作) 기술의 이중성은 형상(Bild)과 사유의 이중성이다. 그럼에도 우리는 시문학을 형상적으로 모든 학문적인 것에 마주 세운다. 시문학은 개별적인 것의 형상과 현상을 보다 더 규정적으로 생성하려는 사유를 산출하기 때문이다. 마찬가지로 조각술의 형상은 사유가 되려고 한다. 왜냐하면 상징적 내용은 오로지 사유될 수 있을 뿐이기 때문이다.

36. 그러므로 중심 대립은 몇몇 예술이 대부분 직접적 감정의 등장에 근접하며 다른 예술은 산출하는 인식이 표현되는 한 이 인식을 통해 형성적 활동에 더 근접한다는 대립이다. 그런데도 이 대립은 상대적인 것에 불과하다. 즉, 직접적 감정 가운데 형성적 활동이 최소치로 있으며 형성적 활동 가운데 직접적 감정이 최소치로 있는 것이다. 무언극은 자유로운 정신의 활동성을 우아와 경박으로 신체에 표현한다. 음악은 전체의 소리 세계를 한편으로 목소리를 통해 형성하며, 다른 한편으로 이러한 예술 활동성 없이는 전혀 존재하지 않을 악기를 통해 형성한다. 반대의 경우도 마찬가지이다. 회화는 모든 행위를 하나의 계기에서 표현하는데, 이 계기로부터 다른 계기가 전진적으로나 후진적으로 전개되어야 한다. 즉, 관찰자가 현재화하는 일련의 운동과 관련된 정식이 모든 동작 가운데 들어있다. 이와 마찬가지로 풍경에는 연속적으로 현재화되어야 하는 일련의 조명계기와 색채음악이 있다. 동일한 것이 시문학에도 유효한데 다만 다른 방식으로 유효하다. 시문학은 감정의 직접적 표현과 유사한 것을 내적으로 리듬과 소리로 소유하며 일련의 지각과 운동도 전개한다. 이러한 상호 보충 관계에서 예술들을 통합하려는 노력이 파악된다. 이 문제는

다음에 다룰 것이다.

무엇보다 먼저 아스트(F. Ast)의 사변적 구분에 대한 평가가 필요하다. 조소가 본질성과 같이 관계하며 음악이 진기함과 같이 관계한다면, 이것은 우리의 구별을 가리킨다. 그러나 조소가 실재론을 뜻하며 음악이 관념론을 뜻한다면 이것은 이미 혼란이 된다. 왜냐하면 다음의 물음이 생겨나기 때문이다. 어떤 의미에서 음악은 관념적인가? 여기에는 조소가 들어갈 수 없는가? 어떤 의미에서 조소가 실재적인가? 여기에는 음악이 들어갈 수 없는가?[40] 이제 더 나아가 춤 예술은 실재론과 관념론의 실재적 동일성이어야 하고 시문학은 양자의 관념적 동일성이어야 한다. 그렇지만 이것 또한 절대적 직관이거나 정신적 직관을 뜻한다. 따라서 음악도 단순히 관념적인 것으로서 절대적이어야 할 것이다. 어떤 의미에서 춤 예술은 시문학보다 더 실재적이며 시문학은 춤 예술보다 더 절대적인가? 그리고 어떤 의미에서 음악은 절대적인 것으로서 조소보다 더 완전한가? 이 밖에도 조소와 음악은 단순한 대립을 묘사하는 것으로서 기초적인 것에 머무나, 춤 예술과 시문학은 양자의 매개로 강화될 수 있다. 조소와 음악을 넘어서는 더 큰 의미를 춤 예술에 부여하고 싶다. 강화된 예술이 어떻게 기초적

---

40 (역자주) 아스트의 개별 예술의 구분 참조. 1. 실재적 형성적 예술(조소, 회화, 음악, 춤 예술) 2. 관념적 담화적 예술(시문학, 서사시, 서정시, 드라마, 우화, 소설).

예술과 통합하려는 노력 자체를 할 수 있을까? 오히려 기초적 예술은 소멸되는 것으로 생각해야 한다.

37. 셸링의 관점도 질료를 따르는 형성적 예술과 언어를 따르는 담화예술로 구별된다.[41] 언어는 이미 물질을 전제로 하고 있으므로, 언어와 제3의 어떤 것 사이의 동일성도 결국 사유의 외적인 측면에 불과하다. 그렇다면 형성적 예술과 담화예술은 어떻게 관계를 맺고 있는가? 우리가 음악을 형성적 예술로 보내고 단순한 소리를 부득이 가치가 떨어진 언어로 볼 수 있게 됨으로써 음악의 장소는 동시에 애매하게 나타난다. 소리를 가치가 떨어진 언어로 보는 것은 한 장소에서 일어나는 것처럼 보인다. 빛과 소리는 미술의 영역에서는 서로 대립하지만 각각 미술과 음악을 제공하므로, 음악을 형성적 예술 가운데 둔 것은 타당한 주장이다. 통일성으로서의 조각 예술은 빛과 소리의 통일이 아니라 관념적인 것과 실재적인 것의 통일을 표현하므로 빛과 소리 위에 존재한다. 여기서 형식상의 혼돈이 나타난다. 시문학은 조각 예술에 대립한다. 음악과 미술이 조각에 관계하는

---

41 (역자주) Schlosser가 작성한 셸링의 예나 강의 노트 참조. "예술이 실재적 통일성을 힘(Potenz)으로 다시금 수용하는 한에서 예술에는 질료가 몸이나 형식이 된다. 언급한 관계에서 예술은 일반적으로 조형예술이나 조소 예술로 규정될 수 있다. … 이념이 힘으로 다시 수용되고 그것이 실제로 직관되면 그것은 담화이거나 언어이다."

것과 같은 방식으로 시문학에 관계하는 것은 아무것도 없다. 그렇지만 이 두 관계는 본질적으로 동일하며 형식상 다를 뿐이다. 이것은 쉽게 이해할 수 없으며, 양자의 비동일성은 작품의 범위 안에서도 맞아떨어지지 않는다. 이러한 견해는 아름다움과 숭고가 대립하며 모든 예술에서의 창작은 시적인 것을 뜻한다는 사실에서도 약점을 드러낸다. 이러한 견해에서 볼 때 우리는 예술들의 통합을 파악할 수 없다. 왜냐하면 조각 예술과 시문학은 통합되지 않으며 여기에는 음악이 전적으로 결핍되어 있기 때문이다.

예술들의 통합은 고대 예술과 근대 예술의 구별로 연결된다. 왜냐하면 고대 예술과 근대 예술에서 이 통합은 각각 다른 문제이기 때문이다. 두 시대의 예술에서 개별 예술은 다른 형식을 갖기 때문에 이 두 예술은 서로 간의 관계를 통해서만 이해될 수 있다고 생각할 수 있다. 무엇보다 원리들은 상부에서 나온다. 음악과 무언극은 자연적으로 함께 속한다. 이들 각각이 시간의 진행에 따라 특수 예술로 구성된다고 하더라도 그 근원적 결합은 없어지지 않는다. 따라서 음악과 무언극은 각자에게 결핍된 최소치를 서로에게 제공함으로써 서로를 보완한다. 형성적 예술과 표상적 예술도 각각으로 있을 때는 순차적이었던 것이 이제 동시에 존재하게 된다.[42]

---

42 (역자주) 이 문장은 독일 낭만주의와 바그너에서 보이는 종합예술작품(Gesamtkunst-

고대 예술은 모든 것을 통합하려고 엄청나게 애썼다면 근대 예술은 홀로 독자적으로 존재하려고 한다. 고대에서 음악과 시문학은 홀로 독자적으로 존재한 적이 거의 없다. 우리에게 음악은 위대한 예술로서 홀로 독자적으로 존재한다. 콘서트, 심포니, 시문학은 항상 홀로 독자적으로 창작되었으나, 서정시만 우연히 만들어지고, 드라마도 이와 같이 상연했으나 상실 없는 경우는 거의 없었다.

38. 각각의 차이를 떼어놓고 보면 이는 오로지 우연적인 것에 근거한 것으로 보인다. 악기 음악은 만약 기계적 예술의 완성을 통해, 즉 기술의 진보를 통해 악기가 다양화되지 않았다면 우리에게 등장할 수 없었을 것이다. 여기서 서사시를 몸짓과 표정으로 낭송하는 것은 필수적이다. 그렇게 하지 않으면 서사시는 복사본의 부족 때문에 사람들에게 알려지지 않았을 것이기 때문이다. 공연을 목적으로 작성된 드라마가 우리의 별다른 관심을 끌지 못하는 것은 공적인 삶을 중단할 때 나온다. 모든 것을 총괄해 보면, 이 현상을 두 가지 예술세계의 근본 차이에서 설명할 수 없다는 것을 밝히려는 강한 요구가 있다. 근대 예술에는 신성(神性)의 이념에 대한 관계가 지배적이다. 이 관계는 전적으로 직접적인 것이며 각각의 개별적 지점에서 출발할

werk)을 연상시킨다.

수 있기 때문에 여기에는 고립에의 요구가 들어있다. 고대인에게 세계 이념은 신화적 순환에서 말해진다. 신화적 순환과정은 모든 예술을 위한 것이었다. 따라서 다른 장르의 예술을 자기 장르로 끌어오려는 작업이 쉽게 일어난 것으로 보인다. 세계 일반은 서로 다른 것들의 교차에만 존재하므로 이 가운데 결합의 원리가 들어있다. 지각 예술들[43]은 원래 함께 존재하며, 이들이 직접적 감정을 표현하려고 할 때도 함께 존재해야 한다. 근대에 와서 지각 예술들은 음악에 나타난 고립의 경향을 통해 서로 분리된다. 무언극은 고립될 수 없기에 분리되지 않은 채로 남아있다. 고대에는 조형예술과 담화예술에서 순환이 지배적이다. 근대에는 상징적 역사가 이러한 가치를 획득하지 못했고, 상징적 역사는 미술에서만 지배적이었다. 그러므로 고대에는 회화가 건축술적으로 확립되었고, 신성한 건축물 안에서 회화는 조각과 결합했다. 전반적으로 조각이 두드러졌고 회화는 뒤로 물러나 있었다. 고대에는 휴대용 회화가 소규모로만 존재했고, 이는 근대에 와서 두드러지게 되었다. 회화 갤러리가 이를 잘 보여준다. 역사적 회화를 위한 무한한 대상에 대해서는 관심과 이해가 줄어들었다. 우리의 경우 예술가들은 모든 영역으로 뒤섞여 들어갔으나 각자 활동하면서 오로지 하나의 고립된 예술에 귀속한다.

---

43 (역자주) 지각 예술은 직접적 감정이나 감각 인상을 표현하는 예술을 가리킨다.

39. 지금까지 언급한 것을 따를 때, 중심구별은 우선 고대에 나타난 순환의 정립과 이로부터 나오는 완결된 독립 예술의 정립으로 환원될 수 있으며, 다음으로 완결된 독립 예술의 결핍과 이로부터 나오는 개별 독립 예술의 무한성 결핍으로 환원될 수 있다.[44] 음악에서는 순환적인 것이 등장하지 않으나 음악의 특정 형식은 순환적 형식과 연관되어 있다. 순환 때문에 모든 대상 자체가 홀로 대상적으로 존재하지 않는다면, 조각은 [음악에서 순환적 형식과 같이] 지배적일 수가 없었다. 유일하게 회화의 퇴조는 사교적인 것에 뿌리를 두고 있는 유기적 특유성의 결과인 것 같다. 그러나 이러한 현상은 고대 비극에 대립하지 않고 오히려 소설에 대립하는 우리의 시문학에서 가장 분명하게 나타난다. 왜냐하면 우리의 비극 또한 낭만적이며, 성격들이 중심 문제를 이루고, 우리의 잡종 형태가 이를 분명하게 입증하기 때문이다. 우리가 고대 드라마를 모방한다면 우리는 전혀 낯선 영역에서 느끼며 고대 드라마를 단 한 번도 올바로 다루지 못한다. 그러나 소설은 무한한 다양성을 가장 분명하게 포함하며, 신화의 몰락과 더불어 고대 예술이 몰락했다는 견해를 명백하게 변호한다. 모방하는 서사시, 소설에 가까

---

44 (역자주) 프리드리히 슐레겔은 그리스-로마의 고대를 이론이성으로 접근할 수 있는 "순환 체계"로 파악했고 이에 반해 기독교적 근대를 실천이성으로 접근할 수 있는 "무한한 진보의 체계"로 파악했다. F. Schlegel: Vom Wert des Studiums der Griechen und der Römer (1795~1796). 원문 87쪽 참조.

운 사랑 이야기, 조각에서 [실재 인물이 아닌] 나중에 창작된 인물과 같은 표현형식은 근대적인 것에 가까우며 이를 시사한다. 그러나 예술의 중심 구분을 살펴보면 우리는 여기서 대립을 고정할 수 있는 한 지점을 발견한다. 왜냐하면 성격들은 모든 예술을 관통하므로 이것은 구분 가운데 반영될 수밖에 없을 것이기 때문이다. 여기서 근대의 조형예술과 담화예술이 음악적인 것에 근접한다는 사실은 분명하다. 일반적으로 성격은 일련의 계기에서, 즉 교차적 감정에서 직관되는 반면, 고대의 음악은 조형예술과 담화예술의 객관성에 근접하기 때문이다. 근대 예술의 전체 형태는 음악적이며 주관적이라면, 고대 예술의 전체 형태는 조소적이며 객관적이다.

모든 예술은 두 예술세계와 다르게 관계하기 때문에 이러한 대립과 관계에서도 동일한 처리방식이 나타나지 않을 수 있다. 음악과 회화는 근대적으로만 처리될 수 있을 것이다. 고대는 불완전했으며 우리가 고대에 대해 아는 것이 별로 없기 때문이다. 조각만이 고대적이다. 모든 근대적인 것은 그것의 모방에 지나지 않기 때문이다. 그러나 시문학은 이중적으로 다뤄져야 한다. 근대적 형식을 고대로 환원하는 것은 가상적인 것에 지나지 않으며 오류를 만들어내기 때문이다. 질서에 따라 주관적 측면과 더불어 무언극과 함께 시작할 것이나 객관적 측면과 더불어 시문학으로 마무리할 것이다. 이것이 최선이다.

많은 공통적인 것을 앞에 두어야 하지 않느냐고 물을 수 있다.

부분적으로는 처리방식 자체에 대한 물음이다. 우리가 모든 예술에서 기초적인 것과 유기적인 것을 구별하고 기초적인 것을 자연스럽게 앞에 둔다면 처리방식은 동일할 수 있다. 기초적인 것은 모든 예술 현상의 차이나 동일에서 유사성을 가진다. 말하자면 우리가 유에서 정당한 것으로 앞세우지 말아야 할 유비를 점검해야 한다. 예술 충동에서 나오는 다양한 예술의 발생에 대해서도 따져봐야 한다. 여기서 앞에서 부정된 구분이 자리를 잡는다. 신체 기관들을 따르는 방식과 일치하는 것을 따르는 방식의 구분이다. [귀를 통해 음악을, 눈을 통해 회화를 파악하는 것과 같이] 기관들을 통해 모든 예술을 표현하는 방식, 그리고 [예술과 그 파악 능력 간의] 일치하는 것을 통해 예술 작품을 파악하는 방식이다. 전체의 유기체에 대해서 하나의 기관이 다른 기관보다 더 지배적이라는 문제는 모든 개인의 예술 방향을 결정한다.

40. 음악을 위한 생산적 기관은 목소리이다. 이것은 외적 소리와 노래하는 소리가 아니라, 그 생산성과 함께 소리의 모든 질적인 다양성을 포괄하는 내적 소리와 울리는 소리이다. 여기에 속하는 것은 내적인 귀, 즉 비판적으로 동반하면서 독자적으로 수용성의 토대를 이루는 내적인 귀이다. 일반적인 예술 충동은 이러한 기관과 결합함으로써 음악이 된다. 자신에게 이것이 항상 울리지 않으며 모든 소리가 되지 않는 사람은 음악가가 아니다.

　무언극을 위한 기관은 영혼의 표현이 되려는 몸의 경쾌한 운동성이다. 이러한 운동성을 높은 등급으로 소유한 사람은 무언극 연기자가 될 수 있다. 모든 사람은 이 기관을 무언극 연기자와 같이 어느 정도 타고난다. 이 능력을 어느 정도 갖춘 많은 사람은 제대로 예술가가 되지 못한 채 고생한다. 그러나 이런 방식으로 경쾌하게 운동하는 영혼, 즉 자연스럽게 감정을 최고로 표현하는 영혼은 무언극 연기자뿐만 아니라 이에 미치지 못한 사람에게 귀속한다. 사변적인 사람은 음악가도 아니며 무언극 연기자도 아니다. 음악가와 무언극 연기자는 박자 또는 규칙적 동작을 공유한다. 한쪽의 감각은 다른 쪽에도 있다.

　조형 예술가를 총괄하면서 우리는 조각가와 화가를 위해 눈을 기관으로 정립해야 할 것이다. 그러나 이것은 준비하면서 수용하는 기관에 지나지 않는다. 조각가와 화가에게 생산적인 것은 형태화하는 판타지와 상상력이다. 그러나 화가는 형태를 형성한다기보다 조명되고 채색된 형태를 형성한다. 화가는 빛 가운데 나타난 형태의 공존을 묘사한다. 형태와 빛 가운데 무엇이 중요한지 결정할 수 없다. 조각가는 개별 형태를 산출하기 때문에 화가처럼 표면으로부터 밖으로 진행하지 않고 내면으로 되돌아온다. 그의 주된 작업은 형태 가운데 생명을 드러내는 것이다. 이것은 의상에서 윤곽을 드러내고 윤곽에서 근육운동을 드러내는 것과 같다. 이러한 감각을 소유하지 않은 사람은 조각가가 되지 못한다. 눈과 심장은 이러한 생명의 표현 지향해야 한다.

(따라서 조각 예술품은 그 내면에 따라 볼 때 원래 회화작품보다 더 선정적이다. 이러한 진리를 가지고 피그말리온이 자신의 입상을 사랑한 것처럼 화가가 자신의 그림을 사랑하는 것을 꾸며낼 수는 없을 것이다.[45]) 이와 반대로 화가는 빛을 숭배하는 데 몰두하고, 빛은 오로지 생동적인 형태와 연관해서 화가를 통해 정신적으로 재탄생하려고 한다. 만약 형태의 규정이 사라지고 단순한 빛의 효과로 작업한다면 화가는 자신의 예술을 떠나게 된다. 그가 형태를 빛의 매개 없이 입상을 복사하는 것처럼 병렬적으로 배치하는 경우도 마찬가지다.

시문학에서 기관은 언어, 즉 소리가 된 사상이다. (시문학의 기관은 오성이 아니다. 왜냐하면 감각이 시문학에 속하는 것처럼 오성은 모든 예술에 속하기 때문이다. 예술에서는 전반적으로 이성과 감성의 구별이 전적으로 사라져야 하며 모든 것은 오로지 감각적으로 변한 이성이어야 하기 때문이다.) 사상은 화가와 비슷한 이중성을 갖는다. 화가가 단순히 언어의 음악과 더불어 유희한다면 그는 예술을 떠나게 된다. 그가 사상만을 전달하려고 하고 언어가 침묵할 때도 마찬가지다.

이러한 구분을 체계화하려는 노력은 우리가 사변적 자연과학을 더 많이 생각하는 한 실패할 수밖에 없다. 이를 통해 얻을 수 있는

---

45 (역자주) 고대의 피그말리온 신화는 Ovid의 Metamorphosen (Buch 10, Vers. 243-297)에 상세하게 나온다.

것은 이러한 예술들이 자연에서 산출되며 이 밖의 다른 가능성은 없다는 통찰이 유일할 것이다. 예술이 자연에서 나온다는 첫째 사실은 우리가 이미 알고 있다. 남는 것은 두 번째 것인데, 그것은 종종 등장했던 예술 영역의 확장 요구 때문에 유익할 수 있다는 문제이다. 이것에 대해서는 [텍스트의] 여러 곳에서 좀 더 경험적인 측면에서 나오는 내용을 언급하게 될 것이다. 그러나 모든 예술에 일반적 충동과 특수한 기관이 귀속한다면 모든 예술에는 비중의 경중에 따라 이중성이 만들어질 것이다. 이렇게 되면 일반적 충동은 내적인 것이고 내적인 것은 외적인 것으로 형성된다고 말할 수 있다. 그리고 특수한 기관은 외적인 것이고, 외적인 것은 자신에게 내적인 것을 일깨운다고 말할 수 있다. 이것은 자유와 필연성, 자기 활동성과 피(被)자극성의 관계와 아주 유사하다. 이로부터 다양한 현상이 생겨날 수밖에 없다.

41. 일반적으로 창작의 첫 번째 맹아는 근원적인 지적 모티프에서 출발하며 이어지는 형성과 본래적 작품의 완성은 유기적인 것으로부터 출발한다. 그러므로 자연스레 첫 번째 맹아가 지배하면 근원적 발견이 우세하며, 형성이 우세하면 변형과 완성이 우세하다. 우리는 예술을 전적으로 지적 측면에서 고찰하므로 지적 모티프가 근원적인 것은 자연스러우며, 다른 측면에서 유기적인 것이 천천히 등장하는 것도 자연스럽다. 어떤 예술도 처음부터 전체의 외부 영역을 관장하지

는 못한다. 회화에서는 명암법과 원근법이, 음악에서는 다양한 악기가 나중에 등장하며, 시문학에서는 시구 구조의 가벼운 조화와 다양한 운율이 나중에 생겨난다. 따라서 이것이 (호머의 경우와 같이) 다른 모습을 띠는 곳에서는 아직 시작 전의 상태인 것이 확실하다. 그러므로 최초의 전개는 다소 연관되어 있을 뿐만 아니라, 동일한 관점과 동일한 자극을 통해 제약된 일련의 창작에서 이루어진다. 다음에는 유기적 발전이 정신적 측면에서 퇴조한 천재성과 더불어 펼쳐진다. 창작은 창작 가운데 유기적인 것이 현시될 수 있는 것과 같은 방식으로만 변형된다. 여기에 새로우나 유약한 창작이 추가된다. 근원적 모티프가 더 많이 퇴조할수록 거장의 면모는 기계적 기교로 쉽게 변형된다. 이러한 진자운동에서 역사적 형태가 결정되고, 동일한 역사적 공간에서 펼쳐질 두 번째 영화(榮華)는 새로운 정신적 결실을 얻을 때만 가능하다. 이 새로운 정신적 결실은 모든 본질적 기능이 친화적으로 잘 어울릴 때 오로지 예술을 위해서만 어렵사리 등장할 수 있다. 우리는 다양한 예술에 대한 다양한 민족의 규정을 이러한 척도에 따라 측정할 수 있다.

제2부 | 개별 예술들의 서술

서론

이미 설명한 구분과 질서에 따라 우리는 직접적 감정의 자연적 표현을 고수하는 예술들과 함께 시작한다. 이 예술들은 다른 예술과 같은 방식으로 직접적 감정을 자립적 현존으로 만들었다. 근대 예술에서 음악이 고대에서보다 더 돋보이게 되었다 해도 음악 자체는 음악 이외의 예술들보다 [시문학, 가곡, 오페라와 같은] 다른 예술과 더 많이 관계하기 때문이다. 음악이 다른 예술과 통합할 때 통합되는 예술은 지배적이 아니라 종속적이다. 그 이유는 다음과 같다. 전체 예술은 두 가지 방식의 일치에서만 존립하는데, 이 두 방식은 근원적 예술 충동이 특수한 충동이 아니라 오히려 모든 것에서 동시에 일어나기에 서로를 끌어당긴다. 그러나 두 방식이 직접적 감정에 기댐으로써 직접적 감정은 그 자체가 인식으로 넘어가지 않고 행위로 건너가 아예 예술 영역을 벗어나거나 내부로 사라지면서 새로운 계기에 자리를 내준다. 말하자면 이러한 끌어당김은 이들 예술 영역에서 다만 수용적일 수 있을 뿐이다. 그러나 모든 표상은 감정과 결합하며 무엇인가를 느끼려고 한다. 그러므로 표상하는 예술에서는 끌어옴(引力)이 생산적이며 지배적이다.

이러한 이유로 이미 사용한 예술이 알려질 때까지 그 표현을 연기(延期)하는 것이 합목적적이라는 믿음이 생겨날 수 있다. 이미 사용한 예술에 대한 일반적 표상은 주어져 있으며 기초적인 것과의 유비에 부합하게 시작되어야 한다. 그러므로 우리는 그 자체가 요소이며 다른 것과 더불어 파악될 때 비로소 그 자체가 되는 이러한 종속적(dienend) 예술과 더불어 시작해야 한다. 역사적으로 보면 이 예술은 으뜸 예술인데, 이것은 항상 몰(沒)예술적인 것에서 우리 눈앞에 처음으로 발생하기 때문이다.

제1장 ㅣ 동반 예술

무언극

유비에 걸맞게 이들 예술 가운데 무언극에서 시작해야 한다. 왜냐하면 무언극은 어디에서도 독자적으로 존립하지 못했으며 그것이 중심일 수 있는 경우에도 최소한 음악에 의존해야만 하기 때문이다. 무언극이 전적으로 홀로 등장한다면 우리는 이를 오로지 테스트로 간주할 뿐이며 실제의 실행 자체로 보지 않는다.

무언극의 본질은 자유롭게 생산된 몸의 운동을 통한 기분의 표현이다. 몇 부류의 사람들은 무언극을 비의도적 표현의 측면과 극적인 예술의 측면에서 하나의 부속물로만 간주하기 때문에 이를 전적으로 지나쳐 버린다. 그러나 전적인 구별은 다음과 같다. 무언극과 제스처 예술에서는 개인이 좀 더 독특하므로 표정이 중심점을 이룬다.[46]

---

46 (역자주) 슐라이어마허는 무언극을 예술성이 풍부한 표정 운동과 몸짓 운동 및 언어 운동(언어 무언극)으로 이해하며 이로써 춤(춤 예술), 연극(본래적 무언극), 판토마임이 무언극 영역에 들어온다. 셸링과 헤겔은 예술철학에서 춤 예술과 무언극을 적절한 예술형식으로 다루지 않으며 양자를 극시(劇詩) 아래에 둔다. 이에 반해 프리드리히 아스트는 '춤 예술'을 조각과 음악을 통일하는 예술형식으로 파악하며 이를 무언극적 춤 예술과 연극예술 아래에 둔다(Friedrich Ast: Grundlinien der Aesthetik, Landshut 1813, S. 32; siehe auch: Nachschrift Bluhme 1819, S. 245, 1-3 참조).

춤 예술에서는 운동의 전체가 좀 더 독특하므로 발이 중심점을 이룬다. 무언극에서 상대적으로 전체에서 전개되는 형태미(形態美)는 춤 예술에서 개인 가운데 좀 더 나타나야 한다. 따라서 우리는 이 둘을 총괄하며 무조건 서로에게로 이행하는 이 예술들을 하부 분야로 간주한다.

본질은 몸의 운동을 통한 표현에 있으며, 이러한 이유로 운동은 예술의 요소이다. 그러나 이 요소 가운데는 본래의 운동과 운동의 기능인 정지상태(Stellung)가 서로 대립한다. 정지상태는 운동의 여분이며, 운동은 정지상태에서 발생한다. 예술은 [운동의] 경쾌함과 [형식의] 지속성에 있기 때문에 주요 규준은 다음과 같다. 정지상태는 운동이 경쾌함과 더불어 출현하는 것 즉, 운동과 정지상태의 조화여야 한다. 마찬가지로 운동은 그 자체가 다시금 정지상태가 될 수 있는 것, 즉 앞에서 기술한 것과 같은 것이어야 한다. 다른 모든 것은 [무의식적] 무실행 내지 서투름과 [의식적] 지나침이다. 인간의 몸은 정해져 있지 않으며 벌거숭이로 표현되어야 한다. 의상은 몸이 자신에게 부여하는 자유로운 형성이며, 이를 통해 몸은 비로소 완성된다. 운동 가운데 영혼과 몸이 내면과 외면으로 있어야 하는 것처럼, 몸과 의상도 내면과

A. W. 슐레겔은 예술론 강의(1801/02)에서 춤 예술을 고대 드라마에서의 합창 춤, 종교 춤, 전쟁 춤, 판토마임, 발레, 오페라 춤과 같은 개별 형식을 통해 상세하게 규정한다. 그러나 무언극은 적절한 예술형식으로 고찰되지 않는다(KAV 1, S. 382-386 참조). 원문 92쪽 참조.

외면으로 존재한다.

42. 모든 의상은 한편으로 유지와 보존이며 다른 한편으로 접힘이다. 유지가 필요의 측면이라면 접힘은 아름다움의 측면이다. 접힘은 운동을 방해하지 않고 운동의 변화 과정에서 몸에 공간 단위를 제공해야 한다.

무언극적 운동은 [유지와 접힘의] 대립이 엄격하지 않더라도 결코 아무런 척도가 없는 몰예술로 물러나서는 안 된다. (소리와 언어의 경우와 같이) 여기서 척도는 때로는 규정적으로 등장하며 때로는 무규정적으로 등장하기 때문이다. 마찬가지로 무언극 운동은 신중함을 공유하나 목적에 지배당하는 운동으로 넘어가서는 안 되며, 합목적적인 운동에 요구되는 숙련성에 도달하기 위한 연습으로도 넘어가면 안 된다. 무언극 운동은 체조 기술이나 수사학적 언어기술이 아니며 스포츠 운동 기술이나 줄타기 기술도 아니다. 이러한 운동은 표현하는 운동이 아니다. 여기에는 이행의 중간단계도 있다. 미성숙한 민족의 경우 그들의 전체 의식은 아직 신체적 생명으로 가라앉아 있기에 표현하는 운동은 이러한 특성을 갖는다. 이들은 신체적인 힘의 감정과 만족 감정을 표현할 기분 이외의 다른 기분은 갖지 않는다. 이와 반대로 스포츠 운동과 줄타기에서 무언극은 아름답게 꾸미기 위한 비본래적 예술일 수 있다.

무언극은 엄격한 예술 및 유희 예술 영역을 관통하지만, 고대적 영역이나 근대적 영역의 예술과는 다르다. 고대에는 모든 유(類)가 이 두 영역을 관통한다. 근대에는 강연을 수반하는 제스처 기술에서 종교적 무언극에 대한 암시가 남는다. (종교 이외의 경우라면 제스처 기술은 무의식이나 비고의非故意의 가상을 요구한다.) 이러한 암시는 적절한 보조와 의상에서 어떤 무언극적인 것을 보여주는 축제 행렬에서도 남는다. 그러나 이러한 무언극은 전체 행위 자체라기보다 부분에 지나지 않는다.

이제 좁은 의미의 무언극과 춤 예술이 중심 장르로 분리된다. 춤 예술은 (난외 주석: 일련의 운동에서) 직접적으로 기분을 표현하며, 무언극은 연속적인 운동을 통해 연관적으로 기분을 표현하는 일련의 심정 변화가 표현됨으로써 매개적으로 기분을 표현한다. 표정 운동은 심정 변화를 아주 조용하게 표현하기 때문에 협소한 무언극에서 계기의 처음과 끝을 이루며 다른 모든 것과 관계한다. 이에 반해 춤 예술에서 순간적인 것은 뒤로 물러나며 일련의 훈련된 계열에서는 아예 사라진다. 그러니까 표정 운동은 제로이며 다른 것의 그림자로만 등장할 수 있다. 세 번째 장르는 무언극과 춤 예술이 혼합된 판토마임인데, 이것은 양자의 대립을 매개해야 하며 그래서 가장 어려운 것이다. 판토마임은 순수 춤과 같이 다수의 동반 활동이 아니라 한 활동에 다른 활동이 이어지는 독특한 행위이다. 여기까지는 무언극이 지배한다. 그러나 공간 운동은 발걸음이 아니라 춤이다. 공간 운동은 춤 자체로서 직접적으로 운동 자체를 위한 어떤 것이어야 한다. 이것은 때로는 무언극 계기가 더 많은 변화에서 가능하며, 때로는 춤 예술적 계기가 더 많은 변화에서 가능하다.

I. 춤 예술. 아주 일반적으로 모든 민족에게 춤이 있다. 춤은 예술로서 영혼과 통일되어 있는 몸 운동의 내적 형태를 직관하게 해야 한다. 이상적인 것은 여기서도 요소이다.

43. 주요 장르는 사교춤 또는 고유한 민속춤, 그리고 고상한 춤이다. 사교춤은 많은 형식들을 무한히 받아들인다. 이 형식들은 개별자의 기분과 거장성(Virtuosität) 간의 대립으로 되돌아가거나, 때로는 솔로 춤으로 때로는 군무(群舞)로 되돌아갈 수 있다. 군무는 다시금 파트너 교체 춤, 즉 이행 지점인 일련의 솔로 춤이거나, 가곡에서 솔로와 후렴이 교체하는 것처럼 솔로 춤과 군무가 교체할 수 있는 참가자의 공동 활동이다. 또 다른 구분의 근거는 성별의 공존이거나 분리이다. 성별의 분리가 좀 더 주관적 처리라고 한다면, 성별의 공존은 좀 더 객관적인 처리이다. 왜냐하면 영혼과 몸의 통일성은 두 성별에서 다르게 변형되며 성별이 중성화되면 이 통일성이 전체적으로 직관되기 때문이다. 이러한 측면에서 사람들은 춤을 비도덕적이라고 비판했

다. 이 지점에서 확실히 미학적 경계가 도덕적 경계보다 더 빨리 등장한다. 왜냐하면 예술은 정열과 숙고의 결합이기에 이를 두 요소로 지양하는 낯선 정열이 등장하면 예술은 정지할 수밖에 없기 때문이다. 가장 크게 빛나가는 민족성들을 비교해 보면 항상 최대의 구별들을 발견하게 된다. 슬라브족, 게르만족, 로만 민족의 구별. 따라서 다양한 형식들은 확실히 근원적인 민족적 의미를 가지며, 신체적 체질에서 설명되는가 하면 삶의 방식에서 설명되기도 한다. 춤의 심리학적 특징은 언어의 심리학적 특징보다 더 이해하기 어렵다. 이제 이 형식들을 낯선 영역에 존재하는 뒤섞이고 볼품없는 것으로 본다면 위에서 언급한 직관은 사라지며, 이 형식들은 우연적이고 관습적인 것으로 나타난다. 이로부터 이 예술의 전성기는 모든 민족에게 아주 짧다는 사실이 귀결된다. [이들 민족의] 노련함과 아름다움을 밀쳐내는 서투른 작업을 넘어서야 하나 아직 일반적인 세계시장에 들어서지 못했다. 왜냐하면 고유함과 낯섦을 구별하는 의미와 더불어 전체의 근원적 의미가 사라지고 결국 예술이 신용을 잃기 때문이다. 가장 나쁜 것은 예술이 궁중에 있게 되는 경우이다. 여기서 예술은 어색한 향연의 조직으로 전락하고 결국 그 자연적 흔적은 아무것도 남지 않게 된다.

고상한 춤은 원래 아주 엄격한 학교를 통해서만 민속춤과 구별되며 특정 방식으로 보통의 전통이 전수됨으로써 민속춤과 구별된다. 그러나 고상한 춤은 현재 민속적인 것에서 철저하게 소외된 무대의 손에 전적으로 맡겨졌다. 민속춤이 교육받지 않은 모양에서 아직도 몰예술의 흔적을 유지하고 있는 것처럼, 고상한 춤은 과도한 교육의 모양에서 줄타기를 향해 나아가고 있다. 몸이 땅과 손발에 맺는 자연적 관계를 전적으로 파괴하는 운동은 진정한 표현일 수 없다. 그 가운데 영혼으로 되돌아갈 수 있는 것은 아예 없다. 이 운동은 어려움을 극복했다는 공로만 갖는다. 따라서 이 운동은 스포츠 운동에 귀속하며 고대의 개념에 따라 자유로운 사람에게 어울리는 영역 바깥에 있다. 몇 년이 지나지 않아 이 운동은 신체를 망가뜨려서 올바로 훈련된 춤이 결코 할 수 없는 것에 이르게 한다. 무대는 어떤 음악적이고 연극적인 표현에서, 대상에 속하며 극적인 합창과 연관되는 춤을 배제해서는 안 된다. 그러나 탁월한 춤은 고도의 테크닉을 요구하는 아리아보다 드라마에 적은 권리를 행사한다.

II. 특히 연극적 표현에서 등장하는 것과 같은 좁은 의미의 무언극. 이것은 담화에서 현시되는 상태를 몸의 운동을 통해 동반적으로 표현하는 것이다. 정지상태와 운동의 대립을 주목할 때 예술에 부합하는 모든 것은 척도와 태도에 기인한다는 사실을 인식하는 일은 무언극을 설명하는 어려운 과제이다. 왜냐하면 특정 상태의 표현을 특정 상황에서 관찰하고 이에 따라 이를 이상적인 방식으로 자유롭게 산출하는 가능성을 생각할 수 있기 때문이다. 그러나 정지상태가 운동의 여분이라면, 더 고정하여 볼 때 하나의 긴 계열 운동의 여분이라면, 정지상태는 어디에서 나오는가? 소수의 전문가가 최초로 등장한 직후 이미 존재했던 것으로 보이는 운동을 이들 전문가가 지금 표현하려고 했다는 사실이 인식되었다. 배우의 기질과 삶의 단계에 따라 그 배역을 나누는 것은 약간의 도움이 된다. 배역에 대한 상세한 고찰은 (성격의 일반적 도식으로서) 진기한 심리학에 맡길 수 있겠다. 다만 개인적 차이와 지나치게 빠른 나이대의 변경에 대한 고찰은 도움이 안 된다.

여기서 먼저 고대와 근대의 날카로운 대립이 드러난다. 우리[민족]에게는 표정 무언극이 가장 중요하며 다른 모든 것은 수반적 도구에 지나지 않는다. 고대에는 가면을 매개로 해서 표정 무언극이 아주 퇴조하고 몸짓이 등장한다. 그 근거는 다음과 같다. 고대인에게는 표정과 연관된 상태가 중심 문제였다. 왜냐하면 표정 운동은 큰 극장과 부족한 유리 가공으로 인해 주목을 받을 수 없었기 때문이다. 우리가 표정 상태로 성취하는 것 역시 화장이나 채색, 즉 일시적인 가면 없이는 드러나지 않는다.

44. 표정 무언극이 자유롭게 등장함과 동시에 아주 높은 의미에서 극적 인격의 단편적인 내용을 보완해야 하는 과제가 발생한다. 어떤 극적 인격도 온전한 인간이 아니기 때문이다. 이전의 전체 삶과 그 영향이 시적으로 주어지지 않으며 현재의 계기를 보여주는 보조 표상

과 관심도 없기 때문이다. 그러나 표정은 모든 것을 모사할 수 있으며 모사해야 한다. 이것을 담아내지 못한다면 표정은 공허하기 때문이다. 이 과제는 아주 임의적인 방식으로만 해소될 수 있다. 다양한 무언극 예술가가 이러한 인격을 파악하는 방식은 잘못된 경우가 없어도 전적으로 다양할 수 있다. 과제는 원래 다음과 같다. 무언극 예술가는 시인의 첫 번째 창작에 대해 두 번째 것을 창작해야 하며, 이 둘은 서로를 관통해야 한다. 이것은 시인 자신이 배우를 가르치는 고대에 가능했다. 친숙한 드라마 예술에서는 이러한 경우가 거의 등장할 수 없다. 그러므로 이제 관객 자신은 창작해야 하는 세 번째 예술가가 된다. 우리의 지인이 무언극 예술가의 동일한 연극을 원본보다 더 전개된 것으로 들으면, 여기서는 [관객인 지인과 무언극 예술가 사이에] 유사성이 거의 없다. 그래서 고대의 예술은 나름의 방식을 통해 예술가와 관찰자 간의 대립을 더 잘 견지한다. 대립의 둘째 근거는 고대 극작법(Dramatik)에서는 시(Poesie)의 비중이 크고 근대 극작법에서는 산문(Prosa)의 비중이 큰 것에 있다. 산문은 표정에 주의를 기울이고 시는 표정에 관심을 두지 않기 때문이다. 이제 우리가 시로 되돌아가려고 하지만, 시는 아직 등장하지 않는다. 영문 시구(詩句)는 형식상 거의 시가 아니며, 프랑스 시구는 내용상 거의 시가 아니다. 산문과 아무런 척도가 없는 담화는 예술의 보완이 필요하다. 사람들은 표정에서 이를 보완하려고 한다. 표정의 움직임은 무한히 작으며 잴 수 없는 움직임에 능하기 때문이다. 시는 내적으로 완전하며, 필요한 것이 있다면 조화로운 동반뿐이다. 시는 형태가 갖는 특정 척도에 능한 움직임에서 이러한 동반을 발견한다.

예술은 세 가지 요소로 구성된다.

1) 언어 무언극(Sprachmimik) 또는 언어가 수행하는 표정, 즉 말(Rede)의 올바른 개진. 이것은 음악에 귀속하는 성악을 도외시하고, 억양과 강조의 의도 가운데서 언어기관의 올바른 운동을 통해 제약되기 때문이다. 그 누구도 직접적으로 산출할 때 자신의 고유한 말을 잘못 강조할 수 없다. 다만 오랜 시간이 지난 후에 자신의 말을 읽거나 암기를 통해 기분을 벗어났을 때는 잘못 강조할 수 있다. 언어 무언극은 정당하게도 자기 말의 개진이다. 고심하여 만들어낸 말은 다시금 낯설게 된다. 즉흥 연설에서도 개별 부분과 관련해서 이와 유사한 것이 있다.

2) 표정 무언극. 고대에서도 표정 무언극이 전적으로 결핍될 때는 없었다. 특히 눈의 움직임이 자유롭기 때문이다.

3) 몸짓 무언극.

세 요소는 아주 다양한 척도에서 등장할 수 있다. 그러나 예술에 부합하는 강도는 모든 것에서 같아야 한다. 언어 무언극이 중심점이라는 사실은 의심할 수 없다. 언어 무언극은 내적으로 완전하게 출발하기 때문이다. 말 자체를 도외시한다면 말의 개별적 특징은 중심 기분과 그 변화에 관한 분명한 모습을 전적인 표정 연기 자체나 몸짓 자체로 제공한다. 그러므로 완전성은 중심 요소와 맺는 주변 요소의 올바른 관계에 있어야 한다.

45. 대화할 때 표정 운동과 형태 운동은 말에 선행한다. 우리는 이것을 항상 토대에 놓아야 한다. 일시적 멈춤 없이 생각될 수 없는 독백은 대화로 수렴될 수 있기 때문이다. 표정 운동과 형태 운동은 다른 사람의 말을 형성하는 인상의 표현이다. 표정 운동은 가장 나지막한 것을 특징 짓기 때문에 분명 최초의 것이다. 따라서 고대의 방식은 우선권을 갖는다. 경청하는 사람의 훌륭한 표정 연기는 중심인물인 화자의 주의를 딴 쪽으로 돌리고 그 계기의 통일성을 깨기 때문이다. 말이 일시적으로 멈출 때도 말이 만들어내는 인상에 대한 앎, 즉 항상 모사되며 이어지는 생산에 영향을 미치는 인상에 대한 앎이 있다. 따라서 모든 계기는 정념적인 것에 기인하며 다시금 이 정념적인 것을 산출하는 생산된 부분에 기인한다. 몸짓이 말에 앞서 전개되는 여부는 정황에 의존한다. (상승된 상태에서는 말에 앞서 전개되는 몸짓이 자연스럽다.) 전체는 감정의 직접적 표현인 말 없는 유희와 함께 시작한다. 그러나 전체는 동시에 전개되는 사유의 영향을 받으며, 이를 통해 동시에 본래의 판토마임과 구별된다. 계기의 최대치는 말이 표정 운동 및 형태 운동과 동시적으로 있는 것이다. 앞에서 운동

가운데 정열적인 것이 등장했던 것처럼, 두 운동이 말의 지배력 아래에 들어옴으로써 이제 말이 물러나고 깊은 사려가 등장해야 한다. 표정 운동은 여기서 지속적인 것이 되어야 하며 다시금 조용히 지배적인 특성을 제공해야 한다. 왜냐하면 조그만 표정 운동은 언어 도구의 운동과 병렬적으로 행해져서는 안 되기 때문이다. 표정 운동이 언어 도구 운동과 함께 행해지는 것은 미친 짓과 맞닿게 된다. 말이 멈추면 모든 운동은 점차로 정지상태로 이행하며, 그 자체는 말 없는 유희로서 새로운 계기가 전개될 수 있는 상대적 무차별 지점으로 사라진다. 말에서는 음절의 [시간적, 악센트적] 척도와 수사학적 악센트가 서로 투쟁하므로, 말은 운동 가운데서 또 다른 대립이 되면서 운동도 나누어 진다. 고유의 제스처는 수사학적 악센트를 따르며, 걸음걸이와 태도는 음절 척도를 따른다. 이 모든 대립의 통일과 개별 운동의 상승과 하강에 나타나는 경쾌함은 유희의 완전성이다. 이와 관련하여 심정 상태가 말에서 표출되는 것처럼 모든 말이 심정 상태에 적절하게 귀속한다는 사실이 토대가 된다면, 이것은 여기서 전개할 수 없는 관찰의 과제이다. 대신에 이 과제는 생리학적이며 따라서 관찰되어야 한다는 것을 주장할 수 있다. 관습적이지 않은 경우의 과제는 학습될 수 있다. 동일한 운동은 민족과 시대에 따라 다르게 표현된다. 다만 이러한 상이성은 개별 예술가의 임의적 창안이 아니다. 그리고 [일반적 인 판단을 벗어난] 일탈적 판단은 습관화된 취향이 아니라 민족적인 것과 전적으로 유사한 민족적인 춤 형식이다. 앞에서 본 바와 같이 형식은 척도를 제약하며 자연적인 것에서 예술로의 이행과 함께 비로소 형성된다. 여기서 임의적 가상이 발생하지만 그런데도 민족적 형태가 예술형식으로 표현된다면 여기서도 자연적 운동과 예술 영역에서 일어나는 운동 사이에 구별이 존재한다. 예술 영역에서의 운동은 오로지 척도를 통해 변형된 개인적 자연 형식이다. 그러나 이러한 변형은 오로지 창조적 관찰을 통해서만 일어나며, 이것은 모두가 가야 하는 길이다.

46. 유희의 완전성은 다음과 같은 대립의 경계에서 움직인다. 우리가 운동을 보조 요소와 중심 요소가 동시에 존재하는 그 중심점에서 고찰하면, 말에 나타나는 자극에 대립하는 최소한의 무언극이 있을 수 있다. 이것은 죽은 것이다. 최대한의 운동도 있을 수 있는데, 이것은 과다 충전된 것이다. 이 둘에는 오류가 있다. 최소한의 무언극은 몸이 기관으로 완전히 형성되지 않은 사실을 가리킨다. 즉, 운동이 몸과 정신의 무차별인 내적 중심점에서 아무런 방해 없이 일어나는 것을 지시한다. 존재의 내적 형태는 예술을 산출하는 것과 같이 등장하지 않는다. 최대한의 운동은 먼저 사유 산출의 결핍에 토대를 둔다. 우리는 무언극을 말에 의존하는 것으로 만들므로, 무언극은 그것이 아는 바와 같이 예술 실행에서 사유로 넘어가서는 안 된다. 다음으로

최대한의 운동은 동물적으로 변하는 과도한 신체성에서 설명될 수 있다. 과도한 신체성은 과충전된 운동에서와 같이 울부짖고 날뛰는 등 야생적인 것을 원하는 장르일 수 있다. 우리가 오로지 중도를 추구한다면 극단은 서로를 보완한다. 여기에는 적극적인 정식이 필요하다. 이 정식은 몸과 영혼의 통일이 상이하게 변형될 수 있는 방식, 즉 민족의 차이와 기질의 차이에 있을 수 있다. 말하자면 정신과 육체가 다시금 내적인 것과 외적인 것으로 나누어지는 것을 생각할 수 있다. 정신과 육체가 내부와 외부에 덧붙여지는 것은 항상 동일해야 하나 실제로는 각각이 아주 다른 모습으로 떨어져 나갈 수 있다. 다만 정신이든 육체든 내면으로 물러난 것은 어떻게든 드러나야 한다.

민족과 기질의 차이점에 나타난 운동을 고찰해 보면, 차이가 발생할 때는 비의도성에 더 근접하고 차이가 정점에 이르면 더 사려 깊게 산출되는 것으로 현상한다. 너무 많이 근접하면 운동이 자연적인 것으로 되돌아가고, 너무 많이 분리되면 운동이 인공적인 것으로 이행한다. 이 두 가지 운동에는 결점이 있다. 근접의 경우에는 규정과 척도가 갖는 일반적 예술 특성이 사라지고, 분리의 경우에는 특수한 예술 특성이 사라져서 내면의 신체적 표현이 서술 수단이 된다. 가상의 관습을 자극하는 인위적 운동은 표현이 아니기 때문이다. 그러나 반대하는 하나의 인상에서 추동되어 중도를 추구한다면 양극단은 서로를 산출한다. 다만 긍정적 정식은 자연 운동에서 드러나는 동일한 내적 형태도 적절한 예술 운동이어야 하며, 자연 운동은 그 자체가 현상한다기보다 오로지 척도를 통해서만 변형적으로 현상할 수 있다는 것이다. 현실적 삶의 진리는 측정되지 않은 것에 있다. 삶의 진리는 방해와 중단이기 때문이다. 즉, 뒤엉켜 들어간 무한히 다양한 자극들을 통해 개별 방향 자체가 단독으로 산출했던 것이 방해받으며 중단되기 때문이다. 척도 자체는 보행, 호흡, 맥박과 같은 몸의 모든 운동에 들어있다. 호의적인 자극은 척도를 변형할 수 있으나 이를 지양하지는 않는다. 척도의 변형은 무한성을 통해서만 일어난다. 예술은 이 무한성을 배제하지 않는다. 그러므로 방해받은 척도는 자연스럽게 귀환한다. (운율과 산문도 마찬가지다.) 이것은 예술의 진리이다.

대부분 대립하는 예술 영역인 비극과 희극은 처음에 희극은 자연성을 더 많이 요구하고 비극은 예술성을 더 많이 요구하는 평균의 대립적 측면에 있는 것으로 보인다. 다만 희극이 실제의 예술 장르인 한에서 이것은 가상에 불과하다. 자연성을 통해 희극적 표현은 통속적인 것이 된다. 희극적 표현은 항상 척도를 고수해야 한다. 비극은 인위적인 것을 통해 호화로운 것이 된다. 비극은 항상 표현성을 고수해야 한다. 양자의 구별은 다음과 같다. 희극적 표현은 좀 더 느슨하다면 비극적 표현은 좀 더 긴장된 모습을 띤다. 그러나 비극은 그 운동이 담화 의존성에서 나오므로 이 구별에 속하지 않는다. 모든 비극의 자구(字句) 척도는 희극의 자구 척도보다 더 엄격하기 때문이다. 그러나 두 운동 양식의 고유한 특성은 우리 영역 외부의 관찰에서 취해진 것에 지나지 않는다. 다만 올바른 관찰 능력과 복제가 자기관찰을 통해 제약된다는 것이 말해질 수 있다. 자기 안에서 모든 심정 상태의 맹아를 발견하는 사람은 그 표현을 올바로 판단하고 산출할 수 있다. 전문가들도 다른 어떤 영역보다 이 어두운 감정으로부터 출발하여 더 보편적이길 바란다.

47. 지금까지의 고찰은 대화에 토대를 두었으나 무언극 배우는 개별적으로만 고찰되었다. 여러 배우가-함께-있음은 분명 운동의 일치를 요구하는데, 우리는 이 일치를 넓은 의미에서 그룹 짓기로 요약할 수 있다. 일반적인 삶에서는 우리가 다른 사람들과 함께 있을 때 세 요소 모두가 다르게 변형된다. 이 함께-있음은 근원적 구조에 영향을 미칠 수밖에 없다. 그런데도 이 새로운 요구로부터 지금까지의 설명과 모순되는 것이 발생해서는 안 된다. 과제는 모든 개별화가 상대적 자립성에 불과하다는 전제를 통해 해소된다. 각자는 자신의 내면 깊은 곳에 인격성과 공공심을 공유하고 있다. 이러한 공공심은 잠정적 함께-있음에서 전개된다. 공공심은 묘사된 한 인격 속에 묘사된 다른 인격들이 함께 있음으로써 발생하는 것에 있으며, 표현하는 예술가 속에 다른 예술가들이 표현하면서 함께 있음으로 전개되는 것에서 존립한다. 전자는 우리의 무대에서 아주 드물게 발견되는

부분의 공공심이다. 후자는 함께 연습한 팀의 공공심이다. 이 두 요소가 더 많이 분리될수록 그룹 짓기에서 유용한 것에 도달하는 것이 더 어렵다. 무엇으로부터 새로움이 나오는가. 낯선 민족성을 표현하는 것이 전체 과제를 얼마나 어렵게 하는가.

이 밖에도 그룹 짓기는 동일한 극단에 놓이게 된다. 다른 사람의 운동을 너무 고려하면 성향이 너무 많이 주어짐으로써 개별 연기는 해를 입게 된다. 다른 사람의 운동을 너무 적게 고려하면 자신의 인격성을 강조할 수 있으나 전체 자체는 무효가 된다. 특정 형식을 그룹 짓기만을 위해 승인하려고 하면 각뿔과 타원 같은 인공적인 것과 관습적인 것에 빠진다. 일반적인 삶에서 형성된 것에 만족하려고 하면 몰예술과 통속으로 떨어진다. 물론 우리는 여기서 특수 무언극 이론의 몫인 개별항목으로 결코 들어갈 수 없다.

Ⅲ. 판토마임은 형식상 춤 예술이다. 그것은 담화와 완전히 분리되어 있으며 내용상 연극적인 무언극이며 특정 행위를 표현하기 때문이다. 이로부터 나오는 것은 고상한 춤으로서의 판토마임과 축약된 연극으로서의 판토마임이라는 이중적 풍경이다. 여기서도 고대와 근대의 대립이 눈에 띈다. 고대의 판토마임은 커다란 민속축제와 분리되었으며, 그래서 연극과는 아무런 연관이 없고, 따라서 축약된 연극으로 간주될 수 없다. 판토마임은 사적인 사교에만 등장했으며

춤을 홀로 추거나 친한 사람들끼리 추지 않고 다른 사람을 위해 추는 춤꾼들에 의해 연마되었다. 단순한 춤은 기분의 표현으로서 관찰자가 이를 완전히 이해하는 경우는 드물다. 하지만 춤을 추는 사람은 자신의 기분을 의식한다. 그러므로 민속춤은 이러한 고양을 요구하지 않으나 다른 사람의 춤에서는 고양된 춤을 기대한다. 기분은 개개의 일에서 예시되며, 연속된 운동은 일의 진행과 결합한다. 고대인에게는 대상이 신화적 시리즈에서 취해졌기 때문에 그것은 일순간 완전하게 이해되었다. 따라서 그들에게 판토마임은 무언극적 예술의 정점이며 대부분이 그 자체로 이해되었다. (내가 추정하는 바와 같이 표정 운동은 가면에서 해방되었는가?) 항상 솔로와 듀엣만 있었다. 근대인에게 판토마임은 춤의 측면에서 민속춤보다 오로지 고상한 춤과 결합할 수 있으며, 따라서 화려한 말투의 변종도 민속춤과 분리된다. 운동은 완전한 표현이 아니므로 이러한 춤의 방식에는 이해력을 높이는 특정 행위가 최고로 요구된다. 그러나 우리는 신화적 시리즈를 갖지 않는다. 오히려 유랑 가인(Bänkelsänger)의 이야기를 통해 이해되어야 하는 고안된 대상만 있다. 따라서 판토마임은 축약된 연극보다 우리에게 더 우세하게 나타난다. 잘 알려진 아주 단순한 연극의 대상이 이렇게 다루어진다면 이것은 최고 좋은 것이다. 이렇게 되면 판토마임은 적어도 예술가와 관찰자를 위한 공부일 수 있다. 연극에서 운동은 보조적인 일이기 때문이다. 연극적 정신에서 이러한 운동이 고립적으로 등장하는 것은 예술가의 생산성과 전문가의 감각을 예리하게 만든다. 우리가 비가노[47]를 보았던 고대 이탈리아 학교는 이러한 경향을 가지고 있다. 근대의 프랑스 학교는 고상한 춤을 가르치려고 했으나 곡예 춤에 그쳤다. 과도함과 기교만 있는 곡예 춤에서 예술은 사라졌다. 우리가 고대에서 이와 비슷한 것을 획득해야 한다면 아주 경쾌하게 표현된 판토마임은 민속춤과 연결되어야 할 것이다.

48. 결론적 고찰, 우리가 무언극에서 예술로 등장한 것을 비판하는 사이에 (고대의 무언극에서도 감정이 풍부한 신체 부분을 강제적으로 침묵시키는 것을 또 다른 불완전성으로 보아야 하기 때문이다.) 이 예술 자체는 조그만 고리를 순환하며 그 본래의 가치는 최고 정점에 있지 않고 오히려 삶에서 형성되고 삶으로 다시 재형성되는 곳인 민속춤에 있다는 사실이 밝혀진다. 이 사실은 본래의 무언극으로부터 일어난다. 즉, 몸의 완전한 지각 경험에 들어있으며 정지상태와 운동 간의 가벼운 교환에 들어있는 우아함이 예술과의 친화성을 통해 비의도적 운동 가운데 형성됨으로써 일어나며, 확고한 척도에 동일한 방식으로 다가가고 자극받은 담화가 척도에 다가감으로써 일어난다. 이러한 비본래적인

---

47 (역자주) Salvatore Viganó(1769~1821)는 음악가이자 댄서였으며 춤과 판토마임과 음악을 통일시킨 무용 안무가(Choreograph)였다. 비가노 부부의 무대 등장은 1790년 빈, 베를린, 드레스덴, 함부르크, 베네치아에서 유명세를 누렸다.

예술 영역은 몸 활동의 최종 목표로 보인다. 그러나 그것이 항상 독자적으로 등장하려고 하지 않으면 최종 목표에 도달하지 못할 것이다. 왜냐하면 어느 정도 힘 있는 것은 모두가 이 목표에 도달하려고 하기 때문이다. 따라서 본래적인 예술은 측정할 수 없는 반작용의 영역을 넘어서며, 측정할 수 없는 이 영역에 항상 영향을 미치기 위해 항상 독자적으로만 등장하려고 한다. 이러한 관점에서 우리의 무대 시설을 필수적인 수단으로 고찰하지 않는 데서 시작하고, 극시(劇詩)를 최고의 조명으로 드러내는 데서 시작해야 할 것이다. 이러한 관계에서 우리는 마지막에 다시 한번 무언극으로 돌아오게 될 것이다. 우리가 무엇이 고유한 무언극의 영감 원칙인지, 그리고 이 원칙이 현재한다는 사실을 통해 무언극 형식에 걸맞은 보편적 예술 충동이 규정되는지 물어보면, 몸의 정신성에 대한 고상한 삶의 감정이 있으며 ㅡ모든 신체적인 것은 정신적인 것의 외적인 측면에 불과함을 가능하게 하는ㅡ 몸과 정신의 기능이 전적으로 동일하다는 것을 느끼는 고상한 삶의 감정이 존재한다. 그러나 이 감정은 몸의 운동이 모두 기계적인 형성 활동에서 일어나지 않는 곳에서 그리고 영혼이 그 인식 활동으로 물러남으로써 몸이 영혼에서 더 이상 분리되지 않고 그 자체가 경직되지 않는 곳에서만 발생할 수 있다. 그러니까 이러한 예술 활동성은 자유로운 작품 속에서만 형성된다. 예술 활동성이 다량의 작품을 형성한다면 고대에서처럼 예술은 순수한 실존을 형성한다. 그러나 민족이 많이 분화한다면 몇몇 사람의 활동성은 다른 사람 가운데 처음으로 형상을 자극하고 그들의 투박하고 척도 없는 야생의 유희와 격정적 광기를 수반하는 말을 정화하기 위하여 다른 사람을 위해 표현되어야 한다. 이것은 예술이 점점 더 학교가 되어가는 근대적 상태이다. 그러나 이렇게 되기 위하여 예술은 당연히 민족이 접근할 수 있는 대상들 속에서 활동해야 한다. 이러한 열광하는 감정은 그 의미가 비로소 이 지점에서부터 제대로 명료화되는 두 가지 중심 분야로만 퍼져나간다. 말하자면 춤 예술은 민감성과 더 많이 관계한다. 춤 예술이 특정해서 표현할 수 있는 것은 혈액순환과 호흡의 자유로운 상태나 억제된 상태와 거의 다르지 않기 때문이다. 무언극은 감수성과 더 많이 관계한다. 이로부터 판토마임이 춤 예술과 무언극을 통합한다는 점에서 최고이지만 그 칭찬하고 비난하는[48] 말의 속성이 다른 사람에게 방해가 되어서는 안 된다는 것을 그것이 보여주려고 한다는 사실이 드러난다. 이러한 근본 감정은 이성과 성적 충동이 전개됨으로써 두 기능의 대립이 팽팽해지고 그 결과 이성과 성적 충동 위에 놓여있는 동일성이 의식될 수 있을 때 비로소 전개될 수 있다. 아이들은 결코 진지하게 춤추지 않으며 오히려 모방하면서 춤춘다. 모방하는 아이들은 오로지 무언극에서 의미 있을 수 있으나 이들은 최고의

---

48 (역자주) 비난하는 : epikdeiktisch.

무의식 상태에 있다. 아이들은 의식이 남긴 최소한의 흔적도 참을 수 없다. 춤은 젊은이를 포함하며 다음에는 춤의 우아함과 경박함만이 삶으로 이행해야 했다. 그리고 예술로서의 무언극은 노인으로 건너가서는 안 된다. 낯선 존재의 입장에서 생각하는 어려움을 극복하는 것은 너무 과도하기 때문이다. 그러므로 오랜 시간 동안 원래의 예술이 축약된 모습으로 순환하는 것이 드러난다. 예술은 최소한 몰예술과 분리되기 때문에 예술은 우리의 규정에 따라 당당히 첫 번째 자리를 차지했다. 예술의 주요 목적은 삶 가운데 모든 우아함의 원형으로 존재하는 것이다. 그 가운데 공동성이 지배하는 한 춤 예술이 있으며, 개인적인 특유성이 등장하는 한 무언극이 있다. (그룹 짓기는 다시금 무언극에 들어있는 춤 예술적인 것이다.)

결합점을 발견하기 위해 춤 예술이 다른 예술과 맺는 관계를 더 찾아내야 한다. 춤 예술은 공통의 특성을 통해 음악과 같은 자리에 선다. 춤 예술과 음악은 리듬의 산출과 향유이다. 음악은 한 기관과 결합하지만, 무언극은 전체 몸으로 퍼진다. 양자는 서로를 유인한다. 각각을 고찰해 보면, 양자는 완전한 동등성에서 서로에게 필요불가결하다.

무언극은 대상을 통해 조각과 유사하며 원리를 통해서도 유사하다. 조각은 형상에서 정지만을 묘사할 수 있으나, 정지에서는 운동 가능성만을 묘사한다. 무언극은 생동적인 몸에서 결코 정지 자체가 아니며

한 운동에서 다른 운동으로 이행하는 정지의 가상이다. 동일한 근거에서 조각은 모든 것을 확고한 토대와 골격에 관계하게 하는 데 반해, 무언극은 경쾌하고 발랄한 것만을 보여주려고 한다. 조각과 무언극은 서로를 반대 관계 가운데 둔다. 따라서 양자는 서로를 보완하며, 다른 쪽이 물러나면 한쪽은 거의 꽃피울 수 없다. 우리의 견해에 의하면 회화는 대상의 친화성만 갖는다. 즉, 무언극의 대상은 회화의 한 부분에 불과하다. 그러나 회화는 무언극의 한 측면과 유사하며 조각은 무언극과 관계가 멀다. 즉, 그룹 짓기에서 형태들은 겹쳐 나타난다. 여기서 회화는 무언극에서 지배하는 경쾌한 변화보다 매개하는 빛을 더 많이 본다. 여기서도 보완이 확인된다. 시문학의 관계는 그 다양한 장르에 따라 다양하다. 모든 시문학은 [앞에서 읽는] 강연을 통해서만 실존하며, 따라서 언어 무언극[49]이 불필요할 수 없다. 서사시도 이것을 요구한다. 음유시인은 더 많은 것을 행한다. 하지만 이를 통해 시의 영향은 변경되어 나타난다. 서정시는 몸짓 연기를 허용하고 요구하며, 극시도 표정 연기와 춤을 허용하고 요구한다. 이것은 음악과의 동일성이며, 조형예술들과의 평행이고 시에의 의존이다.

---

49 (역자주) 언어 무언극(Sprachmimik)은 슐라이어마허가 고유하게 사용하는 용어로서 언어의 감정적, 표현적 측면을 가리킨다.

음악

49. 음이 몸짓과 같이 자극받은 감정의 자연적이고 비의도적 표현이라는 사실을 통해 음악은 무언극과 유사하다. 또한 음악은 모든 예술의 첫 번째 고유한 요소에서 맛보는 기쁨과 척도의 등장을 통해 무언극과 유사하며, 시에 맞서서 상호 끌어당김과 상호 예속을 통해서 무언극과 같은 부류에 속한다. 그렇지만 음악은 그 자체가 예술로서 더 큰 영역을 끌어안는다. 모든 무언극의 운동은 원래 그것에 상응하는 자연 운동이어야 하며 오로지 이 자연 운동에서부터 척도를 향해 변형되어야 한다. 이에 반해 자연은 음에 아주 큰 결핍을 넣어두었다. 말할 때 사용되는 음의 범위는 아주 작으며, 웃고 울 때조차도 높이와 깊이의 한계에 이르지 못한다. 그러나 인간은 악기가 내는 전체 음의 세계를 순수하게 고안해 냈다.

이 고찰을 지금까지의 방식으로 수행하려고 한다면 우리는 점차 음악을 몰예술적인 것으로부터 발생하게 해야 하며 예술 작품의 현존과 그 힘을 만들어내는 요소들을 파악해야 한다. 먼저 음은 특정한 음과 유지된 음이 된다. 그러나 단순히 지속되는 시간에서 울리는 음은 아직 완전하게 측정된 것이 아니며, 따라서 예술의 요소가 아니다. 똑같이 유지되는 특정한 음에서만 우리는 신체 기관의 섬세함과 강도를 감탄할 수 있다. 단순한 지속이 시간 간격으로 구분되고 이 시간 간격이 우리가 가정하는 시간 통일성의 다양한 부분과 토막(aliquot) 부분이 될 때 음은 비로소 측정된다. 이러한 시간 통일성이 다시금 동일한 간격과 박자를 형성하지 못하면 여기서 또다시 몰척도가 발생한다. 다수의 동일한 간격을 지나서, 동일하지 않지만 비교할 수 있는 시간 간격으로 유지되는 동일한 음은 예술 작용을 산출한다. 음은 크레센토와 진행을 통해 그 자체로 측정된다. 리듬을 가진 같은 두 종류의 음은 동일하게 분리된 음과 비동일적으로 [불규칙적으로] 나열된 음이다. 이 밖에도 음은 세 가지의 자연음인 말하기, 울기, 웃기의 무차별이다. 이들 음 각각은 성악에 근접할 수 있으나 각각의 음이 그 과거의 존재를 중단하기까지 아직 성악이 아니다. 노래할 때의 음은 이 세 가지 음 가운데 한 음에 대한 유비이며 상연(上演, Vortrag)[50]을 통해 이 사실을 드러내므로, 리듬을 가진 개별 음은 오랫동안 지속할 수 없는 인상을 형성할 수 있다.[51] 따라서 두 번째 사실, 즉 음이 높낮이에 따라 분화한다는 멜로디 또는 선율이 추가되어야 한다. 자연음의 유의미성은 선율의 주제에서는 축소되는 것 같다. 단순한 음의 선율 악구(樂句)는 이미 하나의 완결된 예술 작품이다. 이 선율이 전적으로 무의미하다면, 이 사실은 음악이 완전한 완성에서 비로소 홀로 등장할 수 있다는 것에

---

50 (역자주) 음악에서의 'Vortrag'은 음의 상연이나 음악적 표현을 가리키며 하나의 음 토막을 들을 수 있게 하는 수단이다. "Vortrag은 작품을 청중과 매개하는 중심 차원이다." Johann Georg Sulzer, Allgemeine Theorie der Schönen Künste, (1771).

51 네 번째 자연음은 감탄사이다.

달려있다. 단순한 선율 악구를 성악이나 가곡의 주제로 생각한다면, 이는 전적으로 유의미하며 내적으로 완결되어야 한다. 따라서 세 번째 요소[52]인 하모니가 부수적으로 등장한다. 하모니는 많은 음의 동시적 울림인데, 여기서 각 음은 자신의 선율 계열의 부분으로 간주될 수 있다. 하모니는 유사한 음이 같이 울리기 때문에 자연 자체로부터 덧붙여진 것이며, 그래서 예술에 부합한 변형에 지나지 않는다. 모든 음악적 작용은 이러한 요소들에서 발생한다. 사람들은 다양한 요소들이 어떻게 다양한 하부계열로부터 발생해야 하는지를 쉽게 알 수 있다. 모든 음이 동시에 울리면 같이 모여진 많은 음은 아예 선율이 아니기 때문이다. 한 음과 다른 음의 동시적 관계를 통해 연속적 인상이 방해받지 않을 때 선율이 가장 강하게 등장하는 것처럼, 선율을 뒤로 물러난 하모니와 함께 생각할 수 있으며 하모니를 물러난 선율과 함께 생각할 수 있다. 이와 마찬가지로 음악은 선율 없는 리듬의 음이라는 전제에서 리듬은 선율과 하모니 가운데 하나와 결합할 때 등장할 수 있으며 물러날 수도 있다. 이러한 지점으로부터 선율은 돌출한 부분에 이르기까지 점차 상승할 수 있으며 때로는 리듬이 선율을 위해 사용되며 레치타티보(Rezitativ, 敍唱)에서는 리듬이 몇몇 계기에서 불확실한 것에 닿을 수도 있다.

---

52 불협화음과 협화음의 대립.

50. 우리가 음 자체를 공통의 [결합하는] 요소로 보면, 한 벌의 현에 나타난 전체 음계는 순수 연속체로 묘사될 수 있다. 이러한 전체 음계의 모든 지점이 예술에 등장하지 않는 이유는 모든 지점이 자연에 주어져 있지 않기 때문이다. 우리는 이 연속체를 성부(聲部, Stimme)로 산출할 수 없으며 오히려 개별 음이 음높이 간의 간격(Intervall) 가운데 자리 잡기 때문이다. 예술은 여기서 오로지 자연의 유비에 따라서만 산출해야 한다. 다른 지점들이 음으로 실재하지 않는 이유는 우리의 탐구에 속하지 않는 생리학적인 물음이다. 이 지점들을 산수적인 것처럼 다뤄서는 안 되며 모든 것을 곡선의 수로 환원해야 한다. 왜냐하면 임의의 시간 통일성이 흘러가기 이전에 이미 불편한 흔적이 시작되기 때문이다. 음정 간격의 특정한 자리 잡기는 선율의 토대이다. 예술은 오로지 자연의 유비를 따르는 것 이상으로 주어진 음계를 넘어가서는 안 된다. 자연 가운데 완결된 순환이 없다면 예술은 어떤 음계도 발견할 수 없다. 우리는 이러한 음계를 오로지 옥타브(Oktave, 8도 음정)에서 발견한다. 옥타브가 존재하는 이유에 대한 물음은 또 하나의 생리학적 탐구이다. 우리는 이것을 산수적인 것에서 이쪽으로 되돌려서는 안 된다.

자연은 음계를 인간의 목소리에서 전적으로 산출한다기보다 이를 성별과 나이별로 나누는데, 이 가운데 하모니의 첫 번째 토대가 놓여있다. 여성의 낮은 알토 음과 남성의 테너 음이 같은 음인데도 같은 음으로 현상하지 않는다는 것에 음의 차별화 근거가 있다. 음의 완전한 차별화는 다양한 관악기와 현악기에서 확인된다. 음의 생리학적 요소를 탐구하지 않고는 이 대립을 인식할 수 없다. 신체를 벗어나서 방해받은 무차별로 되돌아가려는 노력으로 이 사실을 이해할 수 있다기보다, 오히려 이 사실을 신체와 공기가 함께 만들어내는 공동의 생산물로 이해할 수 있다. 관악기에서는 공기를 통해 신체의 운동이 일어나고 다음에 또다시 공기의 운동이 일어나기 때문이며, 현악기에서는 신체가 직접적으로 인간에 의해 운동하기 때문이다. 이러는 사이에 이 대립은 부수적이고 상대적인 것에 지나지 않게 된다. 대야와 종은 음을 내는 데 사용되지만 여기서 다양한 음은 사라진다. 우리가 대야 치는 음과 종 치는 음을 하나의 음으로 환원하나, 오르간에서는 이 하나의 음과 대립하는 음이 울리는데 이를 잘못 판단해서는 안 된다. 이러한 다양성은 예술의 범위에서 음악과 무언극의 구별을 가장 규정적으로 특징짓는다. 왜냐하면 다양한 악기는 모든 차이를 드러내기 위해 그 자체로 드러나려고 하기 때문이다. 이것이 비록 근대 예술에서 처음으로 발생한다 해도 이것을 변종으로 간주할 수 없다. 이러한 풍부함이 춤과 성악의 경우 우리에게 과도한 것으로 나타나지만 여기서 홀로 지배하려고 하는 것은 음이다.

리듬은 주기의 구분, 빠름과 느림의 교환, 그리고 약음부와 강음부의 대립에서 자기만의 유의미성을 갖는다. 약음부와 강음부의 대립은

느리게(adagio)에서 가장 적게 등장하며, 빠르게(presto)에서 가장 많이
등장한다. 순수한 주요 빠르기는 분명 기질에 상응한다. 느리게(adagio)
는 멜랑콜리하며, 보통 빠르기(andante)는 점액질적이고 냉담하며
(phlegmatisch), 빠르게(allegro)는 다혈질적이고 쾌활하고(sanguinisch),
매우 빠르게(presto)는 화를 잘 내고 극적(cholerisch)이다. 자연적인
음 사용에서도 이러한 차이는 비의도적인 표현으로 나타난다. 그러나
예술에서는 이 차이가 계기 의존성에서 자유롭다.

51. 선율은 [작곡 기술뿐만 아니라] 생리학적 토대를 갖는다. 즉,
일정한 음정 간격이 [확실하고 안정된 것의] 준비상태로 등장할 수 있으며
(c-fis),[53] 선율은 [이끎음(Leittöne)이 지향하는] 다른 곳[즉, 목적음]에서만
안정을 취할 수 있다. 여기서 민족성이 아주 큰 역할을 하는 것으로
보인다. 고대인들 모두는 우리가 사용하는 음정 간격을 갖지 않았으며
다른 종결 선율도 갖지 않았다. 원래의 선율 효과는 두 가지 대립,
즉 이행과 도약 간의 대립 및 음의 등장과 음정 간격의 퇴조 간의
대립, 그리고 그 반대[54]에 기인한다. 마지막 이중성은 필연적으로
정립된다. 왜냐하면 음의 연속과 더불어 음의 관계가 고찰되며 이러한

---

53 (역자주) 음정 간격 c-fis는 3온음(Tritonus)이다. 이것은 서양음악 전통에서 가장
   부조화한 음정 간격이다.
54 (역자주) 음정 간격의 등장과 음의 퇴조 간의 대립.

요소들 가운데 하나는 다른 요소를 밀어낼 수 있기 때문이다. 모든 요소 가운데 다른 의미가 놓여있다는 사실은 분명하다.

하모니에는 협화음과 불협화음의 대립이 모두에게 떠오른다. (이 대립은 산수적 유비에서 나오는 순수한 음과 순수하지 않은 음 간의 대립과 혼동되어서는 안 된다.) 반복하면 안 되는 협화음이 있으며 꼭 필요한 불협화음이 있기 때문에 이러한 대립도 별로 중요하지 않다. 협화음과 불협화음의 대립적 관계로부터 분명 다양한 성격이 발생한다. 협화음의 최대치는 단순함이며, 불협화음의 최대치는 더 자극적이며 긴장을 유발한다.

요소들에 대한 이러한 고찰로부터 아주 쉽게 고대 음악과 근대 음악의 대립에 이른다. 고대인에게는 하모니가 전적으로 퇴조했다. 왜냐하면 중심 대립 때문에 그들에게는 함께하는 악기들이 없었으며, 두 성별을 하나의 예술훈련으로 통합하는 것은 그들의 삶의 방식과 모순적이므로 그들은 음역의 지시를 따를 수 없었기 때문이다. 그러나 선율과 리듬의 결합체 속에서는 리듬이 다시금 우위를 점하고 있었으며, 이 리듬은 시의 복합적인 운율 전체와 연결되어 있었다. 따라서 이 결합에 대한 주의가 선율에 의해 너무 분산되어서는 안 되었다. 시인은 주로 사실 자체를 정립하는데, 운율로 인해 시인은 음악에서도 인식될 수 있었다. 우리의 경우 작곡가는 다른 사람이다. 무엇이 정립되었는지 불확실한 상태에서 시인은 그것을 향한 충분한 준비를 할 수 없다. 따라서 작곡가도 음악 자체를 더 많이 정당화해야 하며 자신의 음악에 쉽게 인식될 수 있는 자신의 스타일을 투입한다. 고대인에게는 다양한 선율이 훨씬 더 인종학적으로 나뉘어졌다. 우리가 독일 음악, 이탈리아 음악, 프랑스 음악에 대해 말한다면, 이것은 대다수 학교의 다양성에 대한 것이다. 찬송가는 고대 음악으로 이어주는 다리여야 한다. 많은 방식은 여전히 민족 이동의 시대에서 유래한다. 그러나 음악은 시와 같이 기독교로부터 근원적으로 변형되어 온 것으로 보인다. 왜냐하면 기독교는 하급 계층에서 출발했기 때문이며, 이미 퇴락했던 예술에 적합한 교양성보다 민족에게 적합한 자연성에 더 많이 연결되어야 했기 때문이다. 우리의 코랄에서 이른바 리디아 조성(調性)[55] 및 교회음악 조성[56]은 고대 그리스인들이 조성(νόμοι, nomoi)의 특성으로 제시했던 것에 일치하지 않는다. 결국 여기서 드러나는 음악의 보편적 특성은 성스러운 스타일과 가벼운 스타일이 엄격하게 분리되지 않는다는 것이다. 이것을 특히 가능하게 만드는 신화적 연작은 음악 가운데 직접적으로 영향을 미치지 않으나 시와 결합함으로써 영향을 미친다. 이러한 대립의 맹아는 도리스 선법(旋法)[57]과 이오니아 선법[58]의 대립에 잠재되어 있었으나 완전히 전개되지

---

55 (역자주) lydisch. 기본음은 F(파)이며, 밝은 음, 폭넓은 음, 불안정한 음 특성을 갖는다.
56 (역자주) mixolydisch. 기본음은 G(솔)이며, 민족적 음과 태고의 음 특성을 갖는다.
   C-장조: C − D − E − F − G − A − B − C.
   C-Mixolydisch: C − D − E − F − G − A − B♭ − C (7번째 음이 반음 낮다.)

못했다. (이오니아 선법은 프리기아 선법[59]과 리디아 선법을 포함한다.)

52. 이러한 기초적 대립[60]을 총괄하면, 음악적으로 완결된 모든 예술 작품은 짧은 곡에서도 서로 대립하는 의미 요소를 통합한다. 이것은 계기들의 대립 가운데 기분의 통일성이 표현됨으로써만 일어난다. 예술이 결정적 상황에서 멀어지고 전체가 복합적으로 구성될수록 자연음에 어울리는 명확하고 규정적인 의미는 개별자로부터 사라지고 그것은 전체에만 담기게 된다. 짧은 문장도 몸짓과 음악 자체와 결합할 때 분명해진다. 콘서트에 대해 작곡가는 곡조별로 그 자신의 생각을 말하지 않을 수 있으나, 오페라에서는 우리에게 시를 지시한다. 이로써 자립적 음악은 자유로운 산출에 깃들인 기분을 발설하는 보편적 예술 계기로부터 발생하지 않는다. 오히려 감격한 사람은 다른 표현 방식을 포착했거나, 그가 결합한 무언극과 관련된 것이나 시적인 것이 자신에게 나타날 때까지 기다릴 것이다. 음악이 자립적이어야 한다면, 여기에는 특별한 열광과 지속적 울림이 추가되어야 한다. 즉, 예술가가 모든 흥분을 허공에 방출하는 스윙 춤꾼과 같이 행동하는

---

57 (역자주) dorisch. 강하고 진지하고 남성적인 음.
58 (역자주) jonisch. dorisch한 음과 반대로 감각적이고 정열이 실린 약한 음.
59 (역자주) phrygisch. 어둡고 신비적이며 근동적인 음.
60 (역자주) 정지와 운동, 높은음과 낮은음, 장조와 단조 등의 대립.

지속적 울림이 추가되어야 한다. 그러나 이것도 특히 충족된 음에서 제대로 진정된다. 그러므로 몇 개의 악기로 만드는 순수 악기-음악은 결핍된 것으로 나타난다. (4중주의 의미는 다른 데서 분명해질 것이다.) 이와 달리 성악과 춤을 동반하는 많은 악기는 성악과 춤이 다시금 전반적으로 결합하지 않는다면 과잉이다. 따라서 필수 악기나 성부를 요구하는 음악에서는 일반적인 감동이 지배하나 자유로운 음악에서는 특수한 감동이 지배한다는 대립적인 주장을 할 수 있다. 그러나 이러한 대립은 무대 춤과 드라마를 통해 중재된다. 이 둘도 충족된 음을 요구하며, 양자가 화가의 오류로 빠지지 않으려 한다면 개인만을 대상으로 해서는 안 된다.

음악에서 천재성과 거장성(Virtuosität)의 대립이 보여주는 독특한 방식에 관한 고찰이 이러한 논의와 결합한다. 이 대립의 유비들은 다른 예술들에서도 나타나지만, 여기서는 이것만 등장한다. 공연은 창작과 전적으로 분리될 수 있으나, 이를 통해 고유한 천재성을 발휘할 수 있다. 훌륭한 작곡가는 노래나 연기를 할 필요가 없으며 오히려 다른 것을 통해 그의 작품이 표현되게 한다. 그러나 상연(上演, Vortrag)에는 기호나 단어로 표현될 수 없는 것, 즉 예료(豫料, Divination)를 통해 알려지고자 하는 바가 항상 존재한다. 실로 이념을 묘사해야 하는 복합적 의미는 대부분 우스꽝스럽다. 작곡자가 작품 연주 방식을 연주자에게 설명하려고 해도 만약 연주가 설명을 따르지 않으면 작곡자는 연주자를 비판할 수 있다. 그럼에도 연주자는 스스로 올바른 연주법을 찾아내야 한다. 많은 작곡자는 상연을 잘 수행한다. 이것은 특별한 친화성이나 일방적 연습을 전제한다. 올바른 거장성이 아니라 보편적인 거장성만이 천재적이다. 마찬가지로 자신의 거장성을 정당화하려고 하나 창작 능력이 없는 사람은 거장성을 기계화하려고 한다. 음악도 음악 자체를 수학적 정식으로 환원함으로써 이러한 기계화에 빌미를 제공한다. 시적인 표현을 지향할수록 더욱더 기계화 경향이 많아진다.

53. 우리가 소리를 낼 수 있는 모든 뉘앙스를 위해 완전한 기호체계를 고안할 수 있다면, 그리고 대부분의 거장이 자신을 악기에만 제한하는 대신 모든 음악가가 모든 뉘앙스에 들어있는 몇몇 음이나 모든 음에 들어있는 유일한 뉘앙스를 향해 자신을 제한할 수 있다면, 우리는 물론 단순한 거장성의 전적인 기계화를 목표로 출발할 수 있다. 이렇게 되면 정확한 독보(讀譜) 이외에 마지막으로 남는 것은 박자와 멈춤의 정확성뿐이다. 그러나 음악은 러시아인이 의미 있게 내디딘 이러한 도정에서 사라지게 될 것이다. 이것은 거장과 악기 간의 정신적 관계이다. 외부 사물에 혼을 불어넣는 자연의 체계를 향해 이렇게 훈련하는 것 이상의 다른 사례는 없다. 이와 마찬가지로 작곡자와 거장 사이의 정신적 관계도 있어야 한다.

교회음악 양식과 실내악 양식 또는 오페라 양식. 이들이 대립하는 지점들은 쉽게 구별될 수 있으나 이를 구분하는 것은 어렵다. 칸타타, 진지한 춤과 함께 하는 성스러운 오페라(Athalie).[61] 진지한 오페라(ernste Oper, Opera seria)는 오라토리오와 마찬가지로 희극 오페라(Opera buffa)와 구별된다. 진지한 오페라에도 춤이 있다는 것은 결정적이다. 교회음악 양식의 특성은 단순함과 명료함이다. 실내악 양식은 동시적인 것 및 변화 속에서 꽉 채워진 충족을 가리킨다. 그래서 교회음악 양식은 리듬과 선율과 하모니의 엄격한 법칙을 전혀 가리키지 않는다. 선율의 도약이나 측정 불가 영역으로 다가가는 리듬은 교회음악 양식에서 금한다. 하모니에서는 심지어 예술 장르 안의 불협화음도 영향을 미치나 이를 해결하는 법칙은 엄격하게 적용되어야 한다. 조화를 이루는 토대인 변조(變調)는 단순해야 한다. 실내악

---

61 (역자주) Athalie는 프랑스 시인 Jean Racine의 마지막 비극(1691)이다. 슐라이어마허가 암시하는 작품은 1817년 베를린에서 초연된 오페라이다. 초기 낭만주의자들은 프랑스 고전의 극작법(Dramatik)을 신랄하게 비판했으나 라신을 시종 긍정적으로 평가했다. "라신은 고대를 잘 알았고 소포클레스와 유리피테스를 감정 없이 읽지 않은 프랑스의 비극 작가이다."(F. 슐레겔) "나는 Athalie를 프랑스 비극 가운데 그리스의 대담한 문체에 가장 근접한 작품으로 천명하는 데 주저하지 않는다."(A. 슐레겔) 원문 112쪽 참조. Friedrich Schlegel, "Probe einer metrischen Übersetzung des Racine", in: ders. (Hg.), *Europa*, 1803, 2. Bd., S. 117. A. A. W. Schlegel, "Über dramatische Kunst und Literatur", 2. Th., Heidelberg 1809, S. 199-200, *KAV* 4/1, S. 231. F. Schleiermacher, *KGA*, Bd. 14, 112, 각주.

양식은 전반적으로 더 많은 표현의 자유를 허용하며, 눈에 띄는 부분에서도 풍부한 표현을 드러낼 수 있다. 따라서 교회음악 양식에서도 도입부 이외에는 단순한 악기 음악이 등장하지 않는다. 실내악 양식에서는 반주 없는 단순한 성악이 개인 가운데 예외적으로만 등장한다. 게다가 엄격한 교회음악 양식은 단순성으로 인해 관악기를 배제했다. (이것은 틀린 말이다![62]) 교회음악 양식은 건조하고 준엄한 것으로 변할 위험을 안고 있으며, 실내악 양식은 부드럽고 호화로운 것으로 변할 위험을 안고 있다. 다만 실내악 양식의 경우, 만약 도덕적 불평의 근거가 있다면 무언극에서처럼 예술의 한계를 항상 넘어서야 한다. 교회음악 양식은 개인에게서도 명료성을 유지하기 위하여 전반적으로 말씀이나 운동의 수반을 필요로 한다. 이를 위해 교회음악 양식은 산문으로 만족하는 반면, 실내악 양식은 이를 전혀 받아들이지 않는다. 그 이유는 레치타티보도 시적인 리듬을 가져야 하기 때문이다. 교회음악 양식은 춤을 전적으로 배제하지만, 대형 오라토리오에서는 행진을 허락한다. 이것은 무언극에서 언급한 것과 아주 유사하다. 악기 음악은 덧붙일 수 있는 텍스트와만 연관될 수 있다. 멜로드라마 음악은 이 목적을 위한 이행이다.

다양한 음악 장르를 알기 위하여 우리는 결합된 음악 또는 동반

---

62 (역자주) 저자가 난외 주석에서 덧붙인 말.

음악과 자유로운 음악 또는 자립적 음악을 구별하는 토대를 마련해야 한다. 여기에 지배적인 것은 한 장르에서는 훌륭한데 다른 장르에서는 무의미한 예술가들이 있다는 사실이다. 이것은 다양한 운동 원리에서 설명된다. 왜냐하면 악기 연주자는 꽉 채워진 음 세계에서 영감을 받으며 약간의 수단으로 충분하다는 습관을 버리기 때문이다. 동반 작곡자는 시, 즉 음의 직접적 의미로부터 영감을 많이 받는다. 그러므로 모든 작곡자에게는 다른 사람에게 없는 장점과 결핍이 있다. 그럼에도 전적으로 보편적인 결과물이 존재한다.

54. 우리는 춤이나 시를 동반하는 동반(begleitend) 음악에서 시작한다. 가장 소박한 동반 음악은 단순한 성악이다. 춤과 시는 이 둘의 동반이 통합되는 오페라에서 끝난다. 오라토리오에서 춤(종교적 행진)은 스스로 등장하지 않으나 음악적으로 표현될 수 있다. 춤의 동반에서 지배적인 것은 리듬이며, 선율은 별로 중요하지 않다. 다양한 악기가 반주하는 춤에서 하모니가 등장할 때까지 독창의 동반으로 충분하기에 하모니는 전적으로 물러난다. 행진에서는 협화음과 불협화음의 연주가 아주 강하며, 한쪽은 선율이 지배하고 다른 쪽은 하모니가 지배하는 양쪽의 대립은 일반적이다.

춤과 음악은 총체적 인상에서만 이해될 수 있고 개별적으로 이해되지 않으므로, 양자는 이 사실로써 증대되지 않는다. 춤과 음악은 한편으로 시를 유혹하기에 우리는 이미 첫째 단계인 발라드에서 춤과 음악과 시의 통합을 소유한다. 다른 한편으로 이로부터 분명해지는 것은 음악이 회화의 오류에 빠지지 않으면서 춤의 개별 운동을 너무 정확하게, 즉 빈틈없이 동반해서는 안 된다는 사실이다. 오히려 음악은 강하게 등장할수록 고유의 변화를 통해 음악 자체의 목적에 더 많이 도달해야 한다. 결국 리듬의 결속하는 힘만 남는다. 따라서 리듬 자체가 많이 물러나 있는 고상한 춤을 동반하는 음악은 사람들이 이 음악을 그 자체로만 경청하고 이해하기를 원한다.

음악이 말과 언어를 동반할 때, 음악은 우선 완전히 측정된 음인 운율에 이끌려 나타난다. 따라서 동일한 운율은 오로지 동일한 개념일 수 있다는 사실을 믿어야 할 것이다. 그러나 동일한 운율은 가장 다양한 기분으로 되돌아가는 가장 다양한 내용과 공존한다. (나는 헥사메터[Hexameter, 육보격(六步格)][63]를 영웅적 시구로 보고 이를 여기의 논의로 끌어오지 않으려고 한다. 그 이유는 먼저 헥사메터가 최고로 다양한 리듬이기 때문이며, 더 나아가 전적으로 객관성이 지배한 결과 리듬을 지닌 회화가 회화의 최고 업적이라는 점에서 내용이 아주 동일하기 때문이다. 이것은 아마도 쌍구시(Distichon, 雙句詩)[64]일 것이다. 여기서는 다양한 리듬이 물러나고 내용의 다양

---

63 (역자주) 헥사메터는 호머와 베르길리우스 등의 고대 서사시에 사용되었던 시구의 척도로서 여섯 개의 각운으로 이루어진 고전 시의 운율이다.

64 (역자주) Distichon은 고전 시형으로, 두 줄로 이루어진 쌍구시(雙句詩)로서 주로

성이 등장하기 때문이다.) 코랄(Choral)[65]에서는 리듬이 최대치로 등장한다. 선율이 많이 물러나고 큰 변화를 일으킬 수 있는 하모니가 많이 등장하기에, 아주 다양한 노래를 동일한 방식으로 부를 수 있다. 여기서도 우리는 한계를 설정하며 대립적 성격의 곡은 같은 연(聯)에서도 다른 선율의 유지를 요구한다. 세속 노래에서는 각 연이 다른 성격을 가질 경우, 같은 선율로 불러야 하는가, 아니면 연마다 다르게 작곡해도 되는가 하는 물음이 생긴다. [교회음악과 같은] 엄격한 양식에서는 연마다 선율을 바꾸는 통(通) 작곡[66]은 허용되지 않으며, 모든 연을 같은 선율로 불러야 한다. 시편 낭독 스타일의 산문은 시를 대표한다.

55. 마지막 방법은 음악의 개별적 순간에 의미를 부여하려다 보니 쉽게 그림을 그리는 것처럼 묘사적(malend)이 된다. 내용의 차이가 유의미하다면 주제와 변형의 관계가 도움을 준다.[67] 하모니를 만드는 악기와 목소리를 가지고 노래를 단순히 동반하는 데서, 솔로와 합창의 변화 및 산문을 향한 접근과 고상한 시의 변화에서 다양하게 조직된

철학 시나 풍자시, 즉 epigram에 사용된다.
65 (역자주) 코랄은 그리스도교 교회음악, 특히 개신교계의 중심 형식이다.
66 (역자주) 연속적이고, 비구획적이며, 반복적이지 않은 음악 작품.
67 (역자주) 내용이 다양해도 하나의 통일성 안에서 통일성과 다양성을 확보할 수 있다.

시구가 동반한다. 여기서 다양한 형식과 다수의 목소리에 하모니도 많이 등장한다. 이것은 대부분 노래에 근접하는 부분들의 동반에도 영향을 미친다. 노래의 동반은 단순한 낭송 너머의 영역에서 일어날 수 있다. 그러나 이것이 한 음절에 너무 많은 음을 내고 아리아에서처럼 목소리를 악기와 같이 주장한다면 우리는 이를 부적절하다고 보며 동시에 더 큰 전체를 생각해야 한다. 우리는 아리아를 오라토리오에서 (그 척도에 따라) 확인하며 아리아가 오페라에 전혀 속하지 않는 것이라고 보지 않는다. 여기서 우리는 (오페라의 끝 악장처럼) 뒤죽박죽 진행하는 목소리와 더불어 합창의 한계에 도달한다. 오페라의 끝 악장에서 음악은 모두를 만족시키기 위하여 중성화되어야 하며 거의 자립해야 한다.

자유로운 음악은 개별 악장에서 쉽게 등장할 수 없다. 자유로운 음악은 개별 악기를 위해서도 단편적으로 현상하거나 최고의 경우에 연구로 나타난다. 자유로운 음악은 질적 불협화음들의 공존에 기인한다. 그러므로 여러 악기가 동등하게 위치하는 교향악과 나머지 악기들이 하나의 악기와 관계하는 콘서트 음악 간의 대립이 발생한다. 교향악은 분명 최고의 음악이며 가장 완전한 음악이므로, 교향악은 콘서트 음악을 하위에 놓는 방식으로 이를 포함해야 한다. 콘서트 음악 자체는 개별적인 특유성을 독자적으로 학습하기 위하여 청자를 위한 연구 그 이상으로 나타나며 거장을 위한 화려함으로 나타난다. 교향악은 다시금 취주악기와 현악기의 전체 대립을 포함하며, 사중주와 같은 장르 악기만 병렬적으로 둔다. 콘서트 음악은 장르 악기로부터 다시금 이 양식을 위한 연구이거나 의도적으로 제약된 향유이다. 이렇게 되면 모든 것이 순수와 이해에 도달하며, 이런 이유로 위대한 거장들은 이 장르를 부끄러워하지 않았다.

56. 콘서트 음악의 변종은 기교(줄타기)이다. 가장 나쁜 악기 사용은 그 고유한 영역을 벗어나는 것이다. 교향악의 변종은 요란함이다. 가장 나쁜 것은 순수한 척도가 전혀 없는 음을 음악을 위해 사용하는 경우다. 팀파니는 [예술적으로 적법하게 느껴지는 리듬적 표현의] 한계이다. 터키식 군악(Janitscharenmusik)은 이 한계를 넘어가는 것이며 순수한 야만이다. 순전히 리듬적 효과로만 쓰인다면 이 음악은 아주 조금 미화될 수 있다. 교회음악은 자유로운 음악을 전혀 가지고 있지 않다. 통회(痛悔)와 영광은 텍스트 없이 이해해야 한다고 말한 바 있다. 시에서 산문까지 모두 제거하는 것은 말없이 지낼 수 있다는 것을 뜻한다. 세속음악적 양식은 단어들이 단순히 낭독되고 이를 위한 음악도 들어있는 신파조의 잡종 장르로 근접한다. 이것은 등장인물을 이해시키는 지루한 표제로 존속하며 개별 악장을 위해 시작된다. 그러나 교회음악 양식에서는 개별 악장이 제의 행위의 과정에서만 등장한다. 제의 행위의 나머지 부분은 설교로 생명력을 갖는데, 이로써

설교는 더 확대되었다. 자유로운 음악에서 이러한 대립으로 접근하는 것은 주제적 음악과 전진적 음악 간의 대립이다. 원자론적으로 너무나도 작은 개별 박자들 말고 회귀하는 것이 전혀 없는 전진적 음악은 회귀하는 음절의 척도가 없는 디오니소스 송가와 동등하다. 따라서 이러한 변종은 척도로써 의미를 희미하게 만드는 혼란스러운 것이다. 주제적 음악은 회귀하는 음악이며, 의미가 회귀하는 주제와 더 많이 결합해 있다. 음의 열광은 중간부[68]에서 감정을 표현하고 기교를 자유롭게 드러낸다. 이러한 열광이 줄어들수록 그것은 변종이 되고 메마르게 된다. 줄어든 열광은 그 특유한 요소를 후퇴시키기 때문이다. 따라서 완전성은 전진적 음악이 주제적 음악에 접근하는 것처럼 전진적 음악을 향한 접근에 있다. 자유로운 음악에서는 지시가 늘어나는 만큼 선율이 사라지고 하모니가 지배하기 때문에, 자유로운 음악은 때때로 위축된다. 이것은 선율을 또다시 높이기 위해 여러 소리와 결합하는 교회음악이 연주회를 거치지 않는 것과 같다. 연주회에서 개인이 돋보이는 것과 같이 자유로운 음악은 지시를 따라 다시금 동반 음악의 방식으로 존속하기 때문에, 이 음악이 스스로 교향악이 되지 않아도 때때로 발전해야 한다. 이것이 지체될수록, 한편으로 수사학적이고 몰정신적이며 무의미한 피상적 양식을 향한 유혹이

---

68 (역자주) Zwischensätze. 중심 주제 사이의 이행이나 변주.

더 커지며 다른 한편으로 조화로운 요소들을 비유기적으로 혼란스럽게 끌어모으려고 하는 유혹이 더 커진다.

이것은 모두 일반적인 대립들이다. 대립의 장르가 무엇인지 묻는다면, 그것은 오랫동안 인정받았으나 다시 사라진 많은 형식이다. 이들 형식은 오랫동안 필수적으로 유지되었으나 그 후 다른 것에 자리를 내주었다. 이 형식을 구성하려는 바람은 놀라우나 이것도 순수 우연적인 것은 아니라고 생각해야 한다. 이것은 장르라기보다 순수 개인적인 형식이다. 즉, 개별 예술가로부터 시작했고 모방을 통해 보존된 요소들 및 춤 형식과 같이 성장한 요소들을 결합하는 순수 개인적인 형식이다. 각각의 형식 자체는 잠정적이다. 그러나 모든 주어진 지점으로부터 무한자를 향해 갈 수 있는 판타지, 즉 청자(聽者)의 동반적 판타지를 임의의 제한 안에서 총괄하기 위해, 그리고 처음부터 만족을 확보하는 특정 방향을 주목함으로써, 각 시대에 확고한 형식이 존재한다는 사실은 필연적이다. 요소들을 결합하고 있는 방식으로부터 그 경향을 올바로 파악한다면, 전반적으로 형식들은 항상 음악적 시대와 음악적 영역의 특징을 밝히는 데 몫을 다해야 한다.

제2장 | 조형 예술

건축

57. 감각적 직관 안에서 산출하는 조형예술의 중심 특징은 앞에서 언급했으나 그것은 주로 회화와 조각에 관한 것이었다. 조형예술의 이름으로 건축을 함께 파악하는 것은 물론 가능하다. 그러나 건축을 의심의 눈초리로 바라보았으므로, 건축이 과연 아름다운 예술에 속하는가 하는 물음이 결정되어야 한다.[69] 건축의 장식, 원주(圓柱) 이론 등을 아름다운 예술로 보는 절반의 척도는 적용될 수 없다. 장식은 다른 모든 대상에도 속하기 때문이다. 우리가 다른 이론을 접할 수 있으나, 이것은 전혀 건축술이 아니다. 조각이 형태를 만든다면, 건축도 형태를 만든다. 다만 조각이 좀 더 유기체적 형태를 산출한다면 건축은 좀 더 수학적인 형태를 산출한다. 이러한 수학적 형태는 자연에

---

69 (역자주) 건축의 지위를 아름다운 예술로 보는 것에 대한 논의는 실천적 합목적성이 아름다움의 영역에서 나온다는 칸트의 『판단력 비판』 이후 정점에 달했다. 건축이 주로 실천적 합목적성을 따르기는 하지만 칸트는 이를 건축 기술로 아름다운 예술(조각) 아래에 둔다. A. W. 슐레겔은 "예술론 강의(1801/02)에서 건축을 고유한 예술 분야로 규정하고 건축의 아름다움이 기계적 합목적성을 전제한다고 강조한다. 원문 117쪽 참조. (KdU B 43, 70-71, 207-208; Kant AA 1/V, S. 226, 241-242, 321-322, A. Schlegel, KAV 1, S. 306, 308) 참조.

서도 발견된다(수정 같은 결정[結晶], 둥굴 등). 따라서 현실과 이상의 차이가 있어야 한다. 예술의 모든 본질적 특징은 현존한다. 예술이 목적에 소용된다는 것은 예술이 기계적 부분을 갖는 한 아무런 손상을 남기지 않는다. 이 문제에 대해서는 다른 조형예술과의 유비에서 알 수 있기 때문이다. 다만 이상적 유형을 드러내려고 하는 표현이 욕구와 관계하면서 억제된다면 이것은 손상이 될 것이다. 선험적으로(a priori) 고찰한다면 공간을 형성하는 경향은 인간에게 전혀 나타나지 않을 수 있다고 말해야 한다. 인간이 내적으로 형태의 유비를 지니지 않는다면 늘 동물처럼 공간을 찾을 것이다. 만약 욕구가 없다면 형태는 같은 방식으로 표현되지 않을 것이라고 말해야 한다. 그러므로 양자는 동등하다. 즉, 절대적 종속 관계는 없으며 변화하는 종속 관계가 있다. 이 사실은 종속 관계를 예술 체계로 수용하는 것을 막지 않는다. 어디서든 욕구를 통해 표현이 변경된다면 다른 곳에서도 그렇듯이 욕구가 예술가의 불완전성이라는 것을 미리 말해야 한다. 다른 조형예술과 비교하면서 건축을 위한 두 가지 정식을 구상할 수 있다. 건축은 수학적 형태를 표현하고, 조각은 유기적 형태를 표현한다. 그리고 회화가 공간에서 형태를 형성하는 것처럼 조각은 공간 없는 형태를 형성한다. 그런데 건축은 형태를 위한 공간을 형성한다. 건축은 욕구 측면을 더 고수한다면 조각은 이상적 측면을 더 고수한다. 그러므로 우리는 이 둘을 통합해야 한다. 건축은 수학적 자연 형식의 형태를 따라 공간을 형성한다. 그러나 형태를 위한 공간형성은 예술 측면과 독자적 관계를 맺는다.

58. 공간형성에 속하는 아름다운 정원조성기술(造園術)도 같은 것으로 되돌려질 수 있다. 고대 예술에서는 예술과 조원술이 분리되지 않는다. 도시와 시장은 사원, 재단, 입상이 세워져 있는 공원이었다. 조원술도 다른 정식으로 되돌릴 수 있기에 조원술을 건축술로 수렴해야 한다. 조원술은 [대칭적인] 프랑스적 건축 모방이지만, 영국적 건축 모방은 비유기적인 비동일의 형태를 식물 성장의 확산으로 표현한다. 건축은 비유기적 형태의 유형을 따라 유기적 형태를 위한 공간을 형성하는 것이다. 형태를 위한 공간이 적게 산출될수록 예술도 적어진다. 모든 단순한 저장 창고는 원래 높이 올린 지하창고에 지나지 않으며, 여기서는 예술을 증명할 수 없다. 광산에도 예술이 없다. 유기적 형태의 운동이 있으나 그것은 기계적 방식에 지나지 않으며, 공장도 마찬가지이다. 그러나 광산에 인공동굴을 예배당으로 지으면 여기에는 예술이 존재한다. 지하창고와 사원은 가장 큰 대립이다. 따라서 고대에는 건축이 예술이라는 것에 대해 의문이 없었다. 개인적 건축은 강제로 물러났기 때문이다. 마찬가지로 중세에는 모든 집이 대부분 저장 창고였고 가정집은 아주 적었으므로 예술에의 요구가 없었다. 모든 예술은 교회와 공공건물에 있었다. 지금은 이와 반대로 가정집이 위층에 자리 잡는다. 귀족들도 개인적인 방식 이상으로

건축한다. 따라서 편안함의 요구와 예술의 요구 사이에 모순이 느껴진다.

본질적인 요소는 대칭, 율동적 조화,[70] 척도이다. 대칭은 측정된 것이 나타남과 동시에 등장한다. 인간은 단순히 주어진 것을 더 이상 사용하지 않으며 [새로운 것을] 생산한다. 모든 형태가 똑같은 두 개의 반쪽을 갖는다는 것은 유기적 형태화와 비유기적 형태화의 일반적 원칙이다. 두 가지의 형식이 있다. 첫째, 오로지 평균을 따라 대칭적으로 나눌 수 있는 것. 이것은 완전한 형식에 적용되며 수정의 비유기적 자연에도 적용된다. 둘째, 한 지점으로부터 모든 지점을 향하는 것. 이것은 불완전한 형식에 적용된다. 연체동물, 땋은 것(Flechten) 등. 대칭이 실제의 생명 가운데 내면으로 진행하지 않으며 건축물에서도 똑같은 척도로 나타나지 않는 것처럼, 개별 부분들은 다시금 욕구와 관계한다. 외면은 관찰자와 관계한다. 반쪽은 다시금 대칭적으로 나누어질 수 없다. 반쪽은 항상 고유한 것을 포함하는 동일한 중간이기 때문이다. 율동적 조화는 개별 부분들이 우아하게 어울린 탁월한 관계이다. 이것도 음악에서처럼 수학적 관계로 환원될 수 있으나 이렇게만 설명하는 것은 어렵다. 소수의 사람만이 그 눈으로 관계들을

---

70 (역자주) 율동적 조화(Eurhythmie)는 그리스어의 '좋은 리듬학'에서 나왔으며, 형태화에서 보이는 조화롭고 균형적 관계를 뜻한다.

올바로 평가하지만, 만족과 불만의 인상은 전적으로 일반적이다. 그러나 이 인상이 관계와 일치하는 것 또한 부정할 수 없다. 그렇다면 우리는 이 관계를 관찰을 위한 기호로 사용할 수 있다.

59. 원환에서 모두 무한한 수들을 평가절하할 수 있으나 그 가능성은 별로 없다. 요컨대 오로지 기술적인 것에 속하기 때문에 우리가 시도할 수 없는 더 심오한 현상들의 근거가 밝혀질 수 있다. 어디에서나 규칙을 찾아내고 예외를 인지해야 할 것이며, 규칙과 예외의 원리를 비교해야 할 것이다. 무게나 용량은 수학적으로나 기하학적으로 환원될 수 있으며 이를 통해 단순화된 질서를 획득하므로 양적 관계는 율동적 조화를 갖는 것으로 보인다.[71] 관계를 도외시하면 한편으로 율동적 조화는 항상 나눠진 평면과 관계하며, 다른 한편으로 양적 관계의 인상은 크기에 의존한다. 여기서 우리는 관계를 견고함과 가벼움과의 연관을 통해 설명해 왔다.[72] 깊이가 높이와 넓이로까지 확대되면 견고함의 인상이 생긴다. 높이가 높으면 가벼움의 인상이 생긴다. 이러한 의미에서 모든 건축물은 확실한 적절성을 가지나,

---

71 (역자주) 직역하면 '양적 관계는 그것이 교절면(Durchschnittsflächen, 交切面)으로 환원될 수 있으므로…'
72 (역자주) 견고함은 건축의 무게나 안정성을 뜻한다면, 가벼움은 그 우아함과 운동성을 가리킨다.

그럼에도 인상이 규정에 의존한다고 말할 수는 없다. 교회가 창고로 바뀐다면 이 교회는 아름답지 않게 된다. 만약 창고가 교회 모양으로 지어진다면 외부와 내부가 일치하지 않는 표상이 예술 판단을 아예 일어나지 못하게 하므로 우리는 이 창고를 아름다운 건축물로 인식하지 않을 것이다. 우리가 규정을 도외시할 수 있다면 인상은 전적으로 똑같은 인상으로 남는다. 탑과 같이 아예 규정을 갖지 않는 건축물에서도 인상은 감소하지 않는다. 탑에서 종소리와 시계는 전적으로 주변적이다. 이에 반해 순수하게 욕구를 위해 지어진 건축물의 크기에 놀라는 것은 아예 다른 종류이며 이는 예술 감정이 아니다. 이러한 예술 인상도 양 자체에 기인한다는 것은 (철제 기념비와 같이) 모델이 예술 인상을 자극하지 않는다는 사실에서 분명해진다. 이집트의 피라미드에는 이러한 인상이 지배하며, 이 인상은 관계와 아무런 연관이 없다. 견고함의 감정과 가벼움의 감정은 그것이 확실한 척도를 넘게 되면 서로를 부정한다. 우리는 관찰을 위해 이것을 기준으로 사용할 수 있다.

대칭, 율동적 조화, 척도, 이 세 가지 요소는 본질적인 것을 형성한다. 이 밖에도 우리는 우연적인 것이나 본래의 장식을 발견한다. 우리는 장식에 속하는 것을 먼저 이해해야 한다. 기둥은 이 영역에 속하지 않는다. 기둥은 반(半)폐쇄적 공간을 형성한다. 이것은 공간을 둘러싼 벽에서 자유로 넘어가는 것이다. 기둥의 기능에 필수적으로 포함된 것은 바닥과 천장의 연관이며, 따라서 본질적인 것에 의해 제약되는 것이기도 하다. 이러한 연관이 결핍되는 경우에만 장식이 존재한다. 장식은 형태 없는 양이 비교적 많이 남는 곳에 만들어진다. 예술을 형태화하는 충동은 이런 빈자리로 던져지고 거기서 장식을 산출한다. 우리는 예술을 향한 요구가 없는 곳(도시 성벽, 요새 건물)에서 형태 없는 빈자리를 아무런 손상 없이 참아낸다. 장식들은 유기체적인 것을 모방하고 특히 식물 형태와 개별 동물의 부분을 모방하는 데서 질료적으로 구별된다. 이에 반해 인간의 형상이 등장하는 곳에는 작품이 건축에서 분리되어 독자적으로 평가되기를 바라는데, 여기에는 이중적인 견해가 있다. 이것은 무엇보다 늘 건축적으로 제약되는 얕은 부조(浮彫, Basrelief)에 적용된다.

60. 모든 건축은 나무 원산지와 나무에서 출발하며 원산지 계통은 기둥과 들보에 적용되고 나뭇잎과 꽃은 장식으로 흩어진다는 사실로부터 장식의 질료 부분을 도출하려고 한다면, 이것은 전체 예술의 일면적 관점과 연관된다. 오히려 형태화하려는 충동에 들어있는 상태로부터 형식을 설명할 수 있다면, 우리는 질료를 (원상에는 포함되어 있지 않은) 우연적인 것을 본질적인 것과 구별하려는 욕구로부터 설명해야 한다. 각이 지거나 둥글거나 상관없이 수학적 형태화가 장식으로서 늘 본질적인 것이었다면 여기서 본질적인 것은 생길 수 없다. 여기서

나는 이것이 일반적으로 유효한지 모른다. 적어도 우리는 유기적인 것을 수학적인 것으로 환원하고 우연적인 것을 본질적인 것으로 지시하는 중간 연결점을 가정해야 한다.

장식이 별로 없다면 장식 사용은 메마른 취미를 설명하며, 장식이 과도해서 선과 면의 순수한 인상을 방해한다면 그것은 과도하게 부과된 취미를 설명한다. 오로지 중간에 있는 것만이 변함없이 마음에 들 수 있다.

등장과 물러남이 있는 중심 요소들의 다양한 관계로부터 다수의 인상이 지배하면 대칭이 사라지고 따라서 대칭이 별다른 손상 없이 뒤쪽에 설 수 있다. 바티칸의 베드로 성당처럼 완전한 대칭과 율동적 조화는 다수의 인상을 파괴한다. 그리고 본질적인 것과 우연적인 것의 상이한 관계로부터 일반적으로 다양한 양식이 파악된다. 우리는 특히 고대적 양식, 고딕 양식, 근대적 양식을 고찰해야 한다. 이들 양식은 가까이서 비교할 수 있는 것이 아니고 멀리서 하나의 이상으로 부터 고찰할 수 없다. 이들 양식은 형태화하는 충동의 개인적 변형이며 객관적 변형이고, 더 나아가 민족적 다양성과 시간 다양성의 복합적 문제이다. 같은 시대에는 오로지 하나의 민족 집단이 이러한 안정과 지배를 누리기 때문이다. 비판적 연구는 여기서 건축을 다른 하부 예술과 비교하고 이러한 도정에서 점차 다양한 양식의 의미를 탐구하는 데까지 나아가야 했다. 건축과 정치적 삶의 깊은 연관을 오인해서는 안 된다. 이집트 양식에서는 기계적인 정치적 응집과 유사한 것이 지배적이다. 이것은 음울하다. 헬레니즘 양식은 밝고 우아하다. 따라서 이것은 작은 영역에 한정되며 이집트 양식과 비교해 보면 크게는 전적으로 조원술(造園術)에 근접한다. 이에 반해 이집트 예술은 융통성 없이 황무지로 진입했다. 고딕 양식에서는 종교 조직이 지배하며 단계적으로 올라가는 정치 조직이 지배한다. 근대 로마네스크 양식에서는 전체 실존의 이식이 지배적이며, 그 속에서 자기 것이 사라지는 낯선 것을 향한 형성도 지배적이다. 조화로운 정치적, 종교적 조직이 실제로 생겨나면 새로운 변형이 여전히 기대될 수 있다.

(이집트 양식에서 거의 불가능한) 성스러운 건축과 세속 건축의 대립이 고대 양식에서 별로 전개되지 않는다는 사실은 일반적 관계에 속한다. 가장 강력한 대립은 원형경기장과 신전의 대립이다. 고딕식 교회와 성의 대립도 많다. 그러나 성은 시간이 지나면서 완전한 예술로 거의 발전하지 못했다. 성에서 대칭의 후퇴를 허용하려고 해도, 성은 아주 오랫동안 율동적 조화를 인정하지 않았으며 다만 돌집으로 꾸미기를 요구했다.

61. 표현 주체가 개인이 아니고 공동체의 운동이라면 건축이 될 수 있는 것은 일반적 예술 동기일 뿐이다. 개인이 자기 건물을 예술적으로 만든다면 그가 건축한 파사드[73]는 그의 일이 아니라 도시와 연관되

며, 따라서 그는 공공을 위해 건축한다. 특별한 감동은 공동체의 운동을 엄청난 수의 특정 군중의 형태로 표현하려고 한다. 이 운동의 본질적 요소는 경직과 완강을 넘어서는 인간 폭력에 대한 생산적 의미이다. 세밀화(畵)나 부드러운 군중 속에 들어있는 형태화는 그림일 뿐이지 건축이 아니다. 그러므로 태고의 건축술에서도 군중의 인상이 지배하며, 율동적 조화와 대칭은 나중에 점차로 전개된다.

이로부터 나머지 예술들에 대한 건축의 관계가 쉽게 드러나며 나머지 모든 것이 이 관계로 연결된다. 건축은 음악만큼 오래되고 근원적이다. 음악이 시를 끌어내고 시와 산문의 대립을 최초로 의식화한 것처럼, 다른 조형예술은 전반적으로 건축을 통해 제약된다. 음악이 무엇보다 시와 무언극을 위해 존재하는 것처럼, 건축도 조각과 회화를 수용하는 가운데 그 중심 규정을 가진다. 건축이 이바지하는 공적 삶이 다른 예술들을 통해 규정적으로 설명되지 않으면 건축은 그 이해의 한 부분을 상실한다. 생활이 거리에서 더 많이 영위될수록 건물의 외면을 조각과 회화로 치장하려는 경향이 더 많아진다. 음악에서 리듬이 지배적인 것과 같이 건축에도 리듬이 지배적이다.[74] 왜냐하면 [육중함과 무게와 같은] 질량의 인상과 대칭은 변할 수 있기 때문이다.

---

73 (역자주) Facade는 건물의 정면.
74 (역자주) 건축에서의 리듬은 기둥, 창문, 방의 연속에서 확인할 수 있다.

하나가 등장하면 다른 것은 최소치가 될 수 있다. 그러나 율동적 조화는 운동 없는 중간 지점이다. 이에 반해 건축은 개인적 운동을 표현하지 않으므로 건축에서는 예술가가 많이 후퇴하고 작품이 전면에 등장한다. 음악적인 예술 작품은 거장들의 통합에서만 존재하며 거장 없이는 존재하지 않는다. 건축적인 것은 독자적으로 존재하며, 예술가는 자신의 기획 이후에 이 건축적인 것을 기계적인 손에 맡긴다. 따라서 음악에서는 천재성이 거장성으로 폭넓게 확대되나, 건축에서는 천재성이 끊어진다. 건축의 실행은 기계적이다. 건축이 음악의 반대쪽을 만들지만 현실은 진정한 천재성이 끊어진 것이라는 사실에서 건축이 어떻게 나머지 예술들 가운데 그 자리를 확보하는지를 알 수 있다. 음악은 순간적 요소와 관계하나 건축은 가장 경직된 요소와 관계한다. 이처럼 음악에서도 인간 삶의 가장 정신적인 기관은 가장 정신적인 방식으로 일한다. 건축은 인간이 발전시킨 기계적인 힘의 소비를 요구한다. 건축과 기계적인 힘은 가장 외적인 종결로 구성된다. 건축과 다른 조형예술의 상호적 관계는 단순히 건축이 다른 조형예술을 수용하고 그 생산물을 함께 규정하는 관계가 아니다. 괴테의 생각처럼, 예술 작품은 항상 특정 공간의 치장이다. 이 말은 물론 다른 예술들의 부정적 측면을 표현한다. 즉, 다른 예술들은 동기를 필요로 하며 이 동기를 통해 함께 규정된다. 건축물은 음악과 시를 수용하며, 비록 이 둘을 적게 수용한다고 하더라도 음악과 시는 공연이 이루어진 공간을 통해 함께 규정되기 때문이다. 이 밖에도 건축은 동기를 필요로 한다. 이 동기는 욕구다. 즉, 감상극이 관객으로 채워져야 하는 공간을 통해 규정되기에 예술 작품이 아닌 것같이 건축이 예술임을 저지할 수 없는 욕구다. 그러나 조각과 회화에서는 사적(私的) 개인성이 가장 많이 등장하기 때문에, 건축은 독특한 방식으로 조각과 회화의 반대편에 있다. (입상이 건축물과 밀착해 있는 이집트와 같이) 입상과 그림이 없는 건물은 공동체에서 개인이 자신을 드러내기보다 모두가 군중으로 있는 시대를 지시한다. 이에 반해 조각 및 회화와 연결되는 건축이나 역사적으로 양자에게 속하는 건축이 없다는 것은 공동체의 힘이 개별적인 개인성 가운데서 사라진 사실을 증명한다.

조각

62. 건축과 회화는 많은 것을 증거로 가져올 수 있을 만큼 유사하다. 그러나 건축과 회화의 고유한 관점을 더 안정적으로 확보하기 위하여 이들을 분리하는 것이 필수적이다. 회화와 조각 가운데 조각은 재료의 동일성 때문에 건축과 인접해 있다. 조각은 오로지 돌과 강철로 작업하나 다른 재료는 하위에 속하기 때문이다. 또한 조각은 형태적 요소의 유사성에서 건축에 인접해 있다.[75] 우리는 비유기적 형식에 유기적

형식을 대립시키며, 건축에는 조각이 배제하는 낮은 유기적 형식만을 덧붙이기 때문이다. 그러나 우리는 건축과 조각 사이의 이행을 제대로 이해해야 한다. 원둘레의 맞물림으로부터 형성되는 장미 모양 장식과 식물의 형식은 서로에게로 이행한다. 인간 신체의 선과 곡선도 서로에게로 이행한다. 곡선의 관계는 직선과의 연관관계를 통해서만, 즉 수학화하면서 표현될 수 있다. 작품 가운데서도 이행이 입증될 수 있다. 헤르메스 주상과 기둥은 건축적이며, 이 가운데 들어있는 인간적인 것은 종종 장식으로만 나타난다. 따라서 강한 이집트 석상도 전적으로 건축적인 외양을 하며 벽으로부터 그 모습이 드러난다. 우리가 동기를 주목한다면 건축과 조각의 대립이 등장한다. 건축은 공동체 정신에서 출발하나 조각에서는 공동체 정신이 건축과 동일한 등급으로 나타나지 않는다. 그리고 예술 작품은 그 가운데 삶의 힘이 고상하게 형성되어 있기에 죽은 자연 형식보다 더 개별화된다.[76]

　이것은 조각의 특별한 감동 원칙인 생동적인 형태로 연결된다. 조각 작품은 생동적인 형태로 현시될 수 있는 모든 자극으로부터 출발할 수 있다. 이것에 맞서 두 가지가 배제되어야 한다. 첫째, 조각도 동물 형태를 만들었고 이러한 종류의 훌륭한 작품을 산출했다. 여기서

---

75 (역자주) 건축과 조각은 형식, 원리, 공간 작용의 요소에서 유사하다.
76 (역자주) 건축과 조각의 대립은 공동체 정신과 개별화된 삶의 대립이다.

우리는 예술가에게 본능적으로 내재하는 '동물은 찢긴 시인의 흩어진 지체'(disiecti membra poetae)[77]라는 원칙으로부터 출발해야 한다. 그러므로 이것은 다만 인간적 존재와 유사한 신체에 표현된, 정신적으로 인간적인 존재에 대한 유비이다. 생명력을 위한 열광은 특정 지점에 이르기까지 일반화될 수 있다. 말이나 사자와는 다르게, 미론의 황소[78]는 조각에 어울리는 대상의 경계 지점에 있다. 둘째, 근동의 조각은 실재와 똑같은 존재 유형에 전혀 속하지 않는 진기한 형상들의 주변을 맴돈다. 이 진기한 형상들은 다른 경우라면 생산적 상상력의 유일한 작업으로 간주할 수 있었던 것이다. 따라서 주어진 요소들을 임의로 합성한 것은 전진적 발전이 아예 불가능하다는 사실을 통해 드러난 예술에서의 기괴함이다. 그렇지만 여기에 고전적 조각의 한 지점이 있다. 말하자면 헬레니즘의 고대 신상(神像, ξoava[79])은 비형식적인데, 이것은 한편으로 투박한 나무 블록이며 다른 한편으로 확고한 예술적 규칙이 없는 임의적인 것이다. 인간적 형성 가운데 전혀 동시적이지 않으며 정확하게 규정될 수 없는 이행의 엄격한 단면이 존재한다. 여기서부터 예술이 아주 빨리 발전한 것에 맞서서, 근동 예술은 이

---

77 (역자주) Horaz: Satiren, 1, 4, 62 참조.
78 (역자주) 조각가 Myron(BC 5세기)이 만든 황소 조각.
79 (역자주) 고대 그리스어 Xoana는 태고의 문화에서 확산되고 인간 형상으로 형태화된, 신성을 서술한 나무조각상이다.

지점에서 진기한 예술로 변형되고 그 자리에 머물렀다.

　　조각의 요소는 먼저 스케치이다. 조각은 더는 회화와 같은 존재 상태가 아니다. 돌은 내적으로 완전히 형성되지 않으며, 따라서 [실체라기보다] 가상이다. 조각이 실제로 물체를 묘사한다고 말해서는 안 된다. 오히려 조각은 둥근 표면에 반사된 외적 형식을 통해 작용한다. 회화는 반쪽만을 드러낸다면 조각은 항상 전체를 드러낸다. 눈은 더 많은 것을 파악할 수 없으나 차례로 모든 것을 파악한다. 그러므로 여기서 스케치의 과제는 훨씬 더 복잡하다. 사람들이 평면을 무수히 많은 선으로부터 총괄하여 생각하듯이, 이 선들로부터 분명한 윤곽을 넣어야 한다. 따라서 [거대한 입상과 같은] 고상한 의미의 모든 거대한 (kolossal) 것은 더는 순수하게 조각과 관련된 것이 아니라 이미 어떤 회화적인 특성(pittoresk)을 갖는다.[80] 형상이 올바른 관계에서 관찰되어야 한다면 축약이 윗부분을 축소하기에 윗부분을 크게 만들어야 하기 때문이다. 이렇게 해서 우리는 다시금 머리의 수준에서 아랫부분을 아주 축약적으로 본다. 따라서 형상은 특정 관점에서 산정된다. 이것은 회화적이다. 비록 위대한 예술가들이 거대하게 작업했다 하더라도 이러한 논의는 올바르며, 이것은 또한 사실의 본성에서 설명된다.

---

80 (역자주) 조각이 너무 커서 영향을 많이 미치면 순수한 조각의 특성을 상실하고 회화적 성격에 근접한다.

크기는 생동적인 사물 가운데 우연적인 것이 아니기 때문이다. 모든 종류는 확실한 한계를 가지며 이 한계 안에서 흔들린다. 거대한 것을 지향하는 의도는 다른 방식으로 설명될 수 있으며, 여기서 우리는 그 반대편을 함께 수용해야 한다.

63. 우리는 축소된 조각을 그 다양한 척도에서부터 석조 절단술까지 확인한다. 확대된 척도를 통해 개별적 관계가 더욱 상세하게 밝혀지며, 이는 정확한 해부학의 요구로 이어진다. 축소된 조각은 주요 부분들의 관계를 좁힘으로써 전체를 쉽게 개관할 수 있게 한다. 척도의 확대와 축소는 예술가를 위한 상연(上演)이며 관찰자를 위한 공부이다. 확대가 강할수록 기계적으로 압도하는 질량의 건축적 인상이 지배하며, 축소가 강할수록 결핍된 자립성과 타자 귀속의 인상이 지배한다. 조각 작품은 장식품과 유희로 나타난다. 여기서 나오는 물음이 있다. 예술의 순수성이 사라지지 않는다면 자연적 척도에서 이탈하는 것이 어떻게 일정한 한계 안에 포함될 수 있는가? 예컨대 절단된 석재에서 순수한 예술 평가와 다른 평가가 어떻게 등장하는가? 선 윤곽이 자연에 부합하는지 또는 예술이 자연을 벗어나서 이상적 관계를 표현할 수 있으며 특히 이 점이 그리스적 성격의 이탈에 기인하는지 하는 논쟁은 먼저 중단되어야 한다. 지금은 전적으로 변질된 그리스인이 그때 이러한 관계를 소유했는지에 대해 우리가 알지 못하기 때문이다.

무엇보다 먼저 우리의 원칙으로부터 그리스인이 과연 민족적 이상을 표현해야 했는지를 결정해야 한다. 이것은 전혀 다른 문제이며 아무런 방해 없이는 절대 활동하지 않는 자연을 다소 이탈한다.

두 번째 형태적 요소는 [윤곽이나 명암을 표시하는] 선과 구별되는 평면 작업[81]이다. 이것은 먼저 촉각을 위해 계산되며 오직 눈을 위해 표현된다. 피부의 외관이 촉각으로 느껴질 수 있어야 한다. 의상이 의상처럼 느껴져야 한다는 것은 금속보다 돌에서 더 많이 실행될 수 있다. 그러므로 첫 번째 느낌은 항상 가장 순수하고 가장 효과적인 것이다. 어디서든 완전성이 언급되는 곳에는 이러한 형태적 속성[82]이 결핍되면 안 된다. 모든 예술 작품은 그 자체의 모든 부분에서 선과 평면이 특정한 관계에서 공동으로 펼치는 작업이다. 두 번째 요소에서는 첫 번째 요소에 들어있는 아주 미세한 정확성, 즉 사소한 공간에 대한 표현이 희생된다. 대상의 선택은 두 번째 요소가 후퇴하고 그것이 다양성으로 퍼져나가는 방식과 정확하게 연관된다. 평면 속성과 관련된 조형 작품의 채색에 대한 논쟁은, 완성된 입상(立像)이 자연의 진리에 근접한다든지 색은 상실된 물체성을 위한 대용물로 회화에만 주어진다는 방식으로 중재되어서는 안 된다. 그 근거는 어떤 화가도

---

81 (역자주) Flächenbearbeitung. 평면을 순수 질료적으로나 촉각적으로 다루는 작업 (연마, 광택, 거친 특성).

82 (역자주) Liniengehalt(線) 및 Flächenbearbeitung(평면 작업)과 같은 형태적 특성.

흰색 바탕 위에 그림을 그리지 않으며 적어도 개별적 외관을 그리지 않는 이유이다. 이것은 조명된 스케치에 불과하며 색과 연관하여 아무런 예술 작품이 아니다. 말하자면 채색은 명암법에 나타나 있는 다면적 빛의 유희를 통한 예술이다. 이것은 채색된 입상에서는 등장할 수 없으며 우연에 달려있을 뿐이다. 그러므로 예술이 최고로 발전된 고대에도 입상의 채색을 벗어났으며, 그 결과 흰색 대리석이 가장 탁월한 소재이다.

생동적인 형태로 표명될 수 있는 모든 것을 표현할 수 있다는 규준은 회화보다는 조각을 위해 전혀 다르게 규정되는 것으로 보인다. 사람들은 이것을 시대 안에서 찾았다. 고대인들은 전반적으로 조용한 대상에 더 치우쳤으며[83], 그들이 교육을 많이 받았다면 이것을 회화에서도 표현하려고 했을 것이다. 다른 규준은 조각은 순수한 조직을 표현하고 회화는 성격을 표현한다는 것이며, 따라서 조각은 모든 정신적 표현에서 자유롭게 되어야 했으며 이를 통해 조직의 순수한 인상이 약화될 수 있다. 고대의 신들은 분명 다양한 조직일 뿐 아니라 다양한 성격으로 규정되고 인정되었다. 우리는 조각과 회화가 작업할

---

83 (역자주) Winkelmann은 고대 조각의 본질을 "고상한 간결함과 조용한 크기"로 묘사했다. 원문 127쪽 참조. Johann Joachim Winckelmann: *Gedanken ueber die Nachahmung der griechischen Werke in der Malerey und Bildhauerkunst*, Dresden 1756, S. 21.

수 있는 다양한 조건으로 되돌아가야 한다.

64. 조각이 요구하는 커다란 고요는 조각이 집단화될 수 없다는 것에 근거한다. 개체가 우세하며 집단화는 제약된다. 골상학적으로 행위가 전적으로 후퇴하는 곳에 무언극과의 평행이 있다. 감각은 오랫동안 억압되었다. 근대의 조각은 이와 반대 방향으로 나아간다. 근대의 조각은 다수의 사람이 하나의 형태로 얽혀있을 경우 이들을 한 작품 안에 표현할 수 있다. 사례로 우아미를 상징하는 세 자매의 여신 그라치엔(Grazien), 니오베,[84] 신체적 상호작용을 들 수 있다. 아폴로와 아홉 뮤즈는 넓은 공간 속 특별한 틈새에 놓여있으나 각각이 제대로 알려져야 하는 것과 같이, 각 형태가 독자적 작품이나 서로 관계할 수 있는 다수의 형태가 있을 수 있다. 이것은 집단이 아니다. 집단에 속하는 것은 형태의 특화 및 공간의 통일성이다. 이와 같은 것은 조각을 위해 만들어질 수 없으나, 유일하게 가능한 것은 관찰자가 함께 있으나 원래는 관찰자를 위해 존재하지 않는 공간이다. 이처럼 둘러싸지 않고는 형태가 서로 관계하고 완결될 수 없다.

한 그림 안에서 다수의 모습(Figur)이 무한까지 이어질 수 있으나

---

84 (역자주) Niobe. Tantalus의 딸. 자식이 많음을 자랑하다 신들의 원한을 사서 자식 14명을 모두 잃고 비탄의 눈물을 흘리는 대리석이 됨.

그 안에 행위의 통일성이 있을 수 있다. 행위의 통일성에는 공동의 행동이 속한다. 즉 수용성과 자발성이 서로 관계한다. 수용성은 한 사람 가운데만 있을 수 있으나 나머지 사람 가운데는 자발성만 있을 수 있다. 수용성이 최대로 자극을 받는 경우에도 그것은 자발성을 통해 이해될 수 있다. 회화도 이러한 모습을 이해할 수 없으므로 표현하지 못한다. 그러나 인간은 이렇게 과격하게 표현하지 않는데, 그 이유는 모든 표현은 전달을 원하고 전달 자체는 별다른 도움을 요구하지 않기 때문이다. 이것이 바로 고요함의 근원이다. 우리는 모든 조형예술에 타당한 규준을 갖는다. 회화에서는 형태(Gestalt)에 덧붙여져야 하는 빛 때문에 상세한 규정을 요구하며 조각을 위해서는 보충 명제를 통해 소외된 형태를 완성해야 하는 규준을 갖는다. 마찬가지로 전체의 조형예술에 관계하는, 아름다움과 성격적인 것에 대한 논쟁도 여기에 속한다.[85] 살아있는 형태와 성격은 분리될 수 없다.

---

85 (역자주) 1797년 7월 7일, 실러가 괴테에게 보낸 편지: "지금이야말로 그리스 예술 작품을 성격적인 것의 측면에서 조명하고 개관할 적절한 계기라고 생각합니다. 아직도 빈켈만과 레싱의 개념이 일반적으로 지배하고 있으나 우리의 신진 미학자들은 시문학과 조각에 관해 주장합니다. 그것은 그리스인의 아름다움을 모든 성격적인 것으로부터 해방하고 이것을 근대의 특징으로 삼는 것입니다." 이와 관련해서 실러는 괴테에게 Aloys Hirt의 주장을 제안하기도 했다. "그리스 예술의 원칙은 아름다움도 아니고 조용한 위대함과 고상한 간결함도 아니고 성격의 진리이다. 성격 없는 아름다움은 사유될 수 없다. 그것은 윤리적 성격을 갖지 않는다 해도 항상 물리적 성격을 갖는다. 그것은 확실한 연령과 성별의 아름다움이다." 원문 127쪽 참조. Aloys Hirt: "Versuch über

개념으로 정립된 형태는 무규정적이다. 부분들의 관계는 확실한 한계 안에서 유동적이기 때문이다. 유의 성격도 마찬가지다. 그러나 형상 (Bild)은 규정적이고 특정적이다. 따라서 특정한 성격 없는 형상은 없다. 성격 없는 아름다움은 넌센스이다. (표현은 계기의 잠정적 산물인데) 다만 표현이 없다는 것은 확실한 의미에서 가능하며, 모든 신화적 인물은 자신의 성격을 자신의 형태로 확실히 소유한다. 그러나 성격을 보편의 상세한 규정으로 생각하지 않고 외부에서 작용한 방해로 생각한 다면 형태는 당연히 성격이 없는 것으로 가능할 수 있어야 한다. 이제 현실은 방해 없이 절대로 존재하지 않으며, 방해는 현실 속의 인간이 갖는 자기만의 풍자화일 수 있다. 그러나 날조된 인물 가운데는 방해가 절대 등장할 수 없으며 등장해서도 안 된다. 회화는 관점과 조명을 통해 이를 순화하고 이것과 소통하는 많은 수단을 갖는다. 그러므로 회화는 현실을 표현하기 위해 더 큰 공간을 받아들이고 예술을 손상하지 않는 유사성을 많이 요구할 수 있다. 따라서 조각에서 중심 문제는 순수 이상적인 것의 표현이다. 초상 조각은 그 자체를 위해 척도의 이탈을 이용하며 유사성과 연관된 보다 더 큰 자유를 사용한다. 고대인 은 초상 조각에서 확실히 보편적 유사성만을 추구했다.

---

das Kunstsch öne", in: *Die Horen*, 7. Stück, hg. v. Friedrich Schiller, Tübin gen, 1797, S. 1-37, hier: 34-35.

신화적인 것과 역사적인 것의 차이가 여기서 등장하는데, 그것은 우리가 경험했던 전혀 올바르지 않게 등장한 고대의 성스러운 양식과 세속적 양식의 대립이다. 신화적 원환 속에 있는 모든 경쾌하고 익살스러운 것은 진지함과 위대함과 마찬가지로 좋은 것이다. 신화적인 것은 영웅적인 것을 통해 역사적인 것으로 이행한다. 그러나 역사적인 것에는 위대함이 소외되어 있다. 더 많은 우아함과 경쾌함이 표현되어야 한다면 그에게는 신화적 형식이 주어져 있다. 여성이 여신으로, 어린이가 사랑의 신 아모르와 천재로 표현된다.

1832/33년
난외 주석

칸트는 미학의 첫 번째 진전이다. 주관은 인식할 수 없는 것이 아니다. 목적 없는 합목적성[1](실러의 예술을 향한 소박하고 감상적인 것. 전체에 대해 철학의 두 부분을 결합하는 수단).[2] 도표를 살펴보면 자연과 예술의 동일한 관계는 의심스럽다.[3]

피히테는 미학의 두 번째 진전이다. 직업과 미학적 감각의 형성으로

---

1 (역자주) 슐라이어마허는 여기서 제1주 강의에서 언급한 미학의 세 가지 역사적 진전 이론을 전개한다. 1832/33년 강의를 필사한 슈바이처에 의하면, 이 역사적 진전은 다음 과 같다. 1. 칸트와 실러, 2. 피히테와 셸링, 3. 헤겔.

2 (역자주) F. Schiller는 소박한 시와 감상적인 시의 관계를 넓은 의미에서 실천이성과 이론이성의 대립으로 특징짓는다. "소박한 시인이 실재의 한 측면에서 감상적인 시인으 로부터 이 관계를 획득하고 그의 생동적인 충동을 일깨울 수 있는 이 관계가 현실 가운데 존재하게 된다면, 감상적인 시인은 다시금 충동에 더 큰 대상을 부여할 수 있다는 이득을 얻는다. 우리는 모든 현실이 이상 배후에 남는다는 것을 안다. 모든 실존은 한계를 가지나 사유에는 한계가 없다. 원문 133쪽 참조. Friedrich Schiller: *Ueber naive und senti-malische Dichtung* [3 Teile], Beschluß [3], in: *Die Horen*, 1. Stück, Tübingen, 1796, S. 75-122.

3 (역자주) 칸트의 『판단력 비판』 에 나오는 상위 영혼 능력의 도표에서 자연의 대상은 오성이나 인식능력에 귀속하고 예술의 대상은 판단력이나 쾌와 불쾌의 감정에 귀속한다.

서의 예술. 교육학에서는 예술이 사라진다.[4]

셸링은 자연철학에서 조형예술을 구성하려는 단순한 경향을 보인다.[5]

미학의 세 번째 진전은 헤겔의 절대정신이다. 그러나 절대정신은 등장하지 않으며 무규정적 다신론으로 해체된다. 이것은 부자유한 파토스를 향한 열광이다.[6]

---

4 (역자주) 피히테는 미학적 예술가의 직업을 학자 및 민족 교사와 관련지어 탐구한다. "오성을 형성해야 하는 학자와 의지를 형성해야 하는 민족 교사 사이에 미학적 예술가가 있다. 그는 인간 가운데 있는 오성과 의지를 통일의 결속으로 이끄는 미학적 의미를 형성한다." (『도덕론의 체계』) Johann Gottlieb Fichte: *Das System der Sittenlehre nach den Prinzipien der Wissenschaftslehre*, Jena und Leipzig, 1798, S. 447.

5 (역자주) 셸링의 "자연에 대한 조형예술의 관계에 대하여" 참조. "Über das Verhältnis der bildenden Künste zu der Natur" (1807).

6 (역자주) 슐라이어마허는 헤겔의 『철학 강요』 가운데 정신철학에 서술된 예술 규정을 가져온다. 헤겔은 예술을 절대정신의 첫 번째 형태로, 즉 주관적 정신과 객관적 정신의 대립을 극복한 자기반성의 형태로 규정한다. 절대정신의 이 형태는 그 대상을 감성의 형식(직관)에서 파악하며, 이 대상은 개별적 계기의 다수성으로 해체된다. § 558: "이러한 의미와 내용은 형태가 유한자 일반인 것과 같이 제한된 민족정신이다. 이것은 동시에 사유의 보편성에서만 무한한 풍부이며 이런 개별적 형태에서 설명될 수 없다. 만약 더 확대된 규정으로 진행한다면 그것은 무규정적 다신론으로 해체된다." § 560: "이 가운데 대립이 존재한다. 이 안에 있는 내용으로 꽉 채워진 활동성과 예술가의 열광은 부자유한 파토스처럼 예술가 안에 내재하는 낯선 강제력과 같으며, 파토스 자체에서 이루어지는 산출은 특별한 주체인 천재 가운데서 자연적 직접성의 형식을 갖는다. 이러한 산출은 동시에 기술적 오성과 기계적 외면성에 집중하는 작업이다."

1832년 미학 강의. 제1주. 1강-4강. 과제에 대한 역사적 설명. 사변적 관점. 실행의 한계. 정념적 관점7과 산출적 관점의 대립(= 취미에서 나오는 예술 또는 예술에서 나오는 취미). 취미에서 나오는 예술은 자연의 모방에서 끝나며 음악과 건축을 거의 배제한다.

제2주. 5강-9강. 산출적 관점은 조형예술을 거의 배제한다. 두 관점은 결합해야 한다. 다른 존재에서의 예술(즉 윤리적 예술)과 신적 예술은 배제된다. 보편자를 향한 상승에서의 척도와 특수자를 향한 하강에서의 척도(1819년 강의, 4절). 1819년 강의 5절에 의거한 구성.

역사적 부분. 자유로운 행위에 규칙을 부여하기 위하여 이 행위를 다루는 윤리학에서 나오는 설명. 의무론과 덕론으로는 충분하지 않다. 아무도 예술이나 취미를 의무론이나 덕론 가운데 받아들이지 않았기 때문이다. 윤리학으로의 후퇴 이외에 물리학으로의 이행이 인륜성의 전제 때문에 오로지 윤리학에서 필연적으로 일어나야 한다면, 윤리학과 물리학은 대립적이어야 하며 양자보다 높은 영역에서 설명되어야 한다. 이 대립은 보편적인 것과 개인적인 것의 대립이다. 여기서 변증법과 미학을 혼동해서는 안 된다. 대립은 주체 자체에서 수행되고

---

7 (역자주) pathematisch. 정념적 관점, 감정에 사로잡힌 관점, 영혼의 자극을 목표로 하는 관점.

주체로부터 나오는 활동성 간의 대립이다. 근원적으로 내적인 예술 작품을, 거의 기계적으로 수행되는 외적 표현과 구별한다면 우리는 먼저 예술을 다음과 같이 구별한다. 무언극을 통한 실행, 회화, 조각, 시문학. 음악에서 악보에 따라 이루어지는 문서의 변화는 내적인 것과 외적인 것 사이에 놓여있다.

제10강. 예술 활동성은 앞서 설명한 장소에서 무엇과 함께 있는가? 사고도 내재적 활동성에 속하나, 지식욕에서 출발하는 것은 보편적 활동성에 속한다. 감각적 표상은 내재적 활동성에 속하나, 경험을 향해 나아가는 것은 보편적 활동성에 속한다. 예술적 표상은 그것이 존재를 통해 규정되지 않고, 다시 말해서 수용성이 아니라 순수 생산성 이라는 사실을 통해 감각적 표상과 구별된다. 생산성은 직접적 자기의 식과 함께 있다.

제11강, 제12강. 직접적 자기의식을 최고의 정신성에서 표현하면 종교적이며, 심원한 신체성에 표현하면 감각적이다. 정신성과 신체성 을 그 자체로 고찰하면 그것은 모든 것 가운데서 동일하다. 다만 현실에서는 이 둘이 전적으로 동일한 상황에서도 동일하지 않은 하나 의 계열을 형성한다. 이를 통해 양자는 개별성을 표현한다. 그러므로 예술을 절대 종교적으로 보려고 하는 방식이나 절대 감각적으로 보려고 하는 방식은 일면적이다. 예술이 직접적 자기의식에 대해 맺는 관계가 무엇인지를 묻는 물음에는 예술과 직접적 자기의식의 관계가 자유로운 생산성이라고 대답할 수 있다. 즉, 예술과 직접적 자기의식의 관계는 마치 예술의 재료가 다른 사고 및 형성과 관계하는 방식과 같은, 말하자면 주어진 존재를 통해 규정되지 않는 자유로운 생산성이라는 것이다. 그러나 이러한 방식에서 가상적으로 전혀 몰예술적인 생산성은 꿈이다. 내적 형상들의 첫 번째 시작은 꿈에 아주 가깝다.

제13강. 동일함과 대립은 어디에 존재하는가? 꿈에는 시간이 없으므로 꿈에서의 척도와 통일성도 우연일 수 있을 뿐이라는 데에 대립이 있다. 우리가 꿈에서의 척도와 동일성을 곰곰이 생각해 본다면 꿈은 예술 작품에 토대를 이루는 형상(Bild)과 같다. 대립은 꿈으로부터 아무런 외적 표현이 시작할 수 없다는 사실에서 드러난다. 꿈과 예술의 동일함은 생명체의 열광이다. 꿈과 예술의 동일함에 덧붙여져야 하는 것, 즉 꿈과 같은 것이 예술이 되고 척도를 부여하는 의식이 된다면, 이것 또한 예술의 본질적 요소여야 한다. 우리가 음악과 무언극을 살펴보면 외적 표현 자체와 관련해서 이와 비슷한 것을 알게 된다.

제14강. 여기서 음악과 무언극이 언급되는 이유는 이 둘이 외적인 것이라 그런 것이 아니다. [신체적으로 볼 수 있고 들을 수 있는] 외적인 것은 배제되어야 한다. 오히려 예술은 몰예술과 몰척도에서 발생한다. 이 가운데 내적인 것과 외적인 것이 동일한 근원적인 것이 존재한다. 예술에서는 내적인 것과 외적인 것이 구별된다. 교양인이 자연인보다 정열적인 운동과 음정에서 더 많은 척도와 우아함을 갖는다면 이것은 그의 전체 삶의 자연적인 영향이지만 그가 미리 형성한 것이 아니다. 예술가가 가지고 있는 예시(Vorgebildete)는 정열적 상태에서가 아니라 오로지 의식을 통해 예술 작품으로 규정되는 생명체의 열광에서 도출될 수 있다.

이러한 이중성이 확고하다면 우리는 생명체가 열광하는 본래의 자리를 다섯 가지 감각으로 간주해서는 안 된다. 하부의 세 가지 감각은 아무것도 수행하지 않기 때문이다. 이에 반해 자의적 운동이 덧붙여진다. 우리가 내적 형태와 음정 형성도 자의적 운동으로 간주한다면 내적 통일성만 획득한다. 본질적인 것이 우리에게 결핍되어 있는데 그것은 시문학과 건축이다.

제15강. 건축은 우주적, 지구적 생명에서 비유기적 형태를 산출한다. 이것은 시에서 [특정 질서와 형식을] 파악할 때 구속되는 사유 운동과 흡사하다. 건축은 개별자를 향하는 형태와 형상에서도 시와 흡사하다.[8]

한계 안에서 진리와 현실성을 부여하는 활동성을 자유롭게 하는 설명은 어디에 있는가. 이것은 형식과 재료를 동시에 외부에서 수용할 때 일어나는 왜곡에 맞서는 노력이다. 수용성을 수동성으로 정립하는 이러한 가정은 불충분한 자연 모방 이론에서 그 최종 보호망을 발견한다. 정신은 형태가 갖는 유형 도식을 내적 활동성과 신체적 생명 활동성으로 소유하며, 이 활동성을 개별적으로 감각 안에 집어넣는다. 정신은 이렇게 감각 인상에 사로잡히며, 이러한 감각 인상의 총괄은 정신을 설득하며, 이로써 존재가 정신 가운데 현실적인 것이 된다. 그러나 이를 통해 정신이 완전한 자기의식에 도달하지는 않는다. 오히려 이러한 활동성이 전적으로 자유롭게 될 때 비로소 자기의식이 내적인 예술 활동성에서 일어난다. 그러나 예술 활동성은 모든 내적인 형상 유희와 함께 있다. (예술 활동성은 단순한 유희나 가상이 아니다. 예술 활동성이 단순한 유희나 가상이라는 주장은 실러 이론의 일면성이다.) 이러한 논의는 우리의 두 번째 과제를 가볍게 한다.

제16강. 사변의 좀 더 확대된 논쟁이 여기에 있다. 유물론적 관점과 관념론적 관점, 절대정신 가운데 들어있는 자연과 정신의 동일성, 개인적인 것으로부터 의식으로 상승하는 자연.9 유물론적 관점에서는 개별 인간이

---

8 (역자주) 건축에서 사유 운동이 향하는 개별자는 완결된 건물의 형태와 형상을 가리킨다면, 시에서는 개별 형태를 가진 형상이나 단락을 지시한다.

9 (역자주) 자연과 정신의 내재적 통일성은 독일고전철학이 스피노자와 칸트의 이성 비판

자연 과정에서 발생한다. 관념론적 관점에서는 정신이 자연의 도식을 개별적 삶으로 가져오며, 이러한 관점으로부터 개별적 삶을 설명한다.

제17강. 전적으로 자유로운 활동성은 내적 활동성으로서 이런 방식으로 활동한다. 실천적 활동성에서는 외화(外化)가 분리될 수 없다. 외화 없는 의지는 아무것도 아니다. 사변적 활동성은 보편을 향한 반대의 방향이며 보편에서 존재와 결속되기를 바란다. 그러나 많은 존재에서 일어나는 가장 낮은 단계의 사변적 활동은 거의 제로이다. 취미를 통해 알려지는 요구인 사변적 활동성은 (좋은 것이든 나쁜 것이든) 결국 생산성으로 나아간다.

예술에서 맛보는 단순한 기쁨은 유적(類的) 의식에 기인한다. 이러한 동일성 덕분에 개인은 다른 개인에게 정립된 것을 통해 만족할 수 있다.

제18강. 다양한 예술 분야를 하나의 폐쇄된 복합체로 도출하는 과제가 있다. 민족학적으로뿐만 아니라 예술들의 공존에 나타나는 다양한 친화성에 대한 잠정적 고찰. 이집트인에게 대형 건축과 조각을 향한 경향이 있는 것처럼 음악과 시문학 가운데 친화성이 남아있는

과 비판적으로 관계하면서 보여준 바와 같이 존재와 사고의 사변적 통일성과 일치한다.

것을 어떻게 설명할 수 있는가? 판토마임과 순수한 악기 음악은 자연 적합성을 넘어가는가? 건축과 음악은 숫자로 환원될 수 있다는 사실 때문에 친화적인가?

제19강. 이러한 다양성 가운데서 혼란을 겪지 않기 위하여 우리는 자유로운 활동성을 대립시켜야 한다. 직접적 자기의식에 귀속되는 활동성과 대상적 자기의식에 귀속되는 활동성. (이 둘 사이에 대상적 특성을 받아들이는 다른 자기의식도 있다. 이것은 반성과 반사[Spiegelung]의 활동으로서 직접적이지 않다.) 직접적 자기의식 자체는 순간적으로 고찰하면 부자유하다. 그것은 현시로서 타자로 나아가는 반작용을 갖는다. 이러한 반작용은 무언극과 음악이다. 무언극과 음악은 동일한 현시 능력이 있는 총체적 개인에게 등장하는 모든 계기 가운데서 더는 계기를 통해서 규정되지 않은 직접적 자기의식의 자유로운 표현이다. 대상 의식의 활동성은 개별 존재를 산출하면서 자신을 표현해야 한다. 개별자는 형상이거나 표상이므로 우리에게 조형예술과 담화예술이 발생한다. 여기서 우리는 두 예술을 나누지 않고 생각하며 한 예술에 다른 대상을 지정하지 않고 생각한다.

제20강. 우리는 윤리적 활동성에서 출발한 것도 받아들일 수 있다. 이 활동성은 자연에 대한 노동에서뿐 아니라 사회적 구성에서도 담보

되어 있다. 또한 몰예술적인 내적 형성이 있으며 가끔 아무런 희생 없이 실제 행위 가운데 결합되어 있는 기획도 있다. 따라서 몰예술적인 내적 형성은 자기 스스로를 예술로 완성하려고 한다. 자연에서 일어나는 노동은 유기적인 풍경화와 정원 예술에서 기념물이 되며, 주택과 같은 비유기적 건축에서 근원적으로 공동의 종교적 시민적 삶의 영역에서 기념물이 된다. 사교적 구성은 역사적 형상이나 극시(劇詩)가 된다. 구분 형식은 쉽게 완성될 수 있다. a) 주관적 의식 1) 운동 2) 음정을 통한 반작용 b) 객관적 의식 1) 존재와 결합된 것 2) 우리의 행위를 구성하는 것. 주요 부분의 비동일성이 강조될 수 없으며 동일한 예술의 각 부분이 전혀 다른 장소에서 발생할 수도 없다. 여기서 이렇게 다양하게 발생한 것의 통일성이 가능하지 않은 것을 부정하거나, 예술의 현실이 이념보다 어떤 다른 것에 기인한다는 사실을 인정한다.

제21강. 이것은 활동성의 변형에 대한 고찰로 이어진다. 일반적으로 개인의 자유로운 생산성을 향한 방향이 있다. (주어진 것은 절대 개별적인 것을 의미하지 않는다. 주어진 것은 사본일 수 있으나, 기능은 개별적으로 표현되어야 한다. 그러나 이상도 개별적이다. 조직화 된 형상, 즉 위대한 시는 이러한 의미에서 개별적인 것이다.) 자유로운 생산성을 향한 방향이 아무리 강력하다 해도 그 가운데는 임의의 개별 예술을 위한 규정이 없다. 이 규정은 운동에 돌입한 생명체에만 있을 수 있다. 무언극 연기자에게 이 운동은 표현으로서의 형태 운동이다. 높은 등급의 형태 운동은 무언극적 재능이다. 그러나 보편적인 예술 열광이 없다면 그는 다른 개인의 운동을 모방하게 된다. 화가와 조각가는 분리되지 않으려고 한다. 조각가에게는 형태 형성만이 토대를 이루고 있다면, 화가에게는 형태에 대한 빛의 관계, 즉 생명을 산출하는 힘에 영향을 미치는 땅의 우주적 생명이 토대를 이루고 있다. 회화와 조각의 동일성은 이행에서, 즉 부조와 윤곽에서 입증된다.

제22강. 제23강. 우리는 시 예술에 나타나는 조각과 회화의 분리를 표상의 형식에서 통합하는 형태 형성과 공존을 발견한다. 그러나 시인으로부터 그림과 조각적인 것을 요구하듯이 화가와 조각가로부터 시적인 것을 요구한다. 화가와 조각가는 이로부터 형상들을 수용해야 한다. 이로부터 예술로 들어가는 열쇠를 줄 수 있는 보편적인 공동 노력이 발생한다. 시인이 하나의 형상이나 형태를 완전히 규정된 것으로 고찰하고 이를 화가가 재현한다면, 화가는 베껴 쓴 셈이 되고 이 때문에 그에게 시적인 것은 없다. 마찬가지로 시인이 형상을 표상으로 번역한다면 이것은 시적인 것도 회화적인 것도 아니다. 오히려 이것은 모든 것에 내재하는 유형으로부터 묘사된 개별자가 고유한 생산력을 통해 생성된다는 공통의 요구이다. 개별자를 드러내는 보편적 형태와의 친화성을 전혀 갖지 않는 그런 개별자는 무의미하다. 사람들이 여기서 모순을 발견한다면 이 개별자는 참이 아니다. 이것은 예술이 어떻게 자연의 모방으로, 그리고 이상과 이상에 규칙을 부여하는 것으로 간주될 수 있는지를 설명할 뿐 아니라, 예술이 어떻게 예술 자체를 산출하는 개별자를 통해 형태의 진리와 우리 인식의 진리를 증명해야 하는 것으로 정당하게 높여지는지를 설명한다. 그러니까 예술은 본질적으로 반(反)회의적이다. 이것은 윤리적인 것에 적용될 뿐 아니라 자연에도 적용되며, 실체적 형식과 공존에도 적용된다. 한 나라는 기후의 진리를 가질 수밖에 없으며, 모든 서사적이거나 극적 계기는 민족적 진리를 갖지 않을 수 없다. 개별자가 예술가에게 원초적이며 표상으로 규정되는 사람은 시인이 되며, 형상으로 규정되는 사람은 화가가 된다. 정신적 생명체의 다양한 기능은 거의 모든 예술 가운데 들어있다.

제24강. 이상과 모방이 모순되지 않는다는 것을 여기서 통찰한다면, 객관적 의식의 활동으로 현상하는 예술 분야가 스스로 가치를 지니는 것처럼 우리는 예술의 장소가 직접적 자기의식 가운데 있다는 것을 확인한다. 형상이나 표상의 우위 그리고 자립적 형식의 지향이나 공존의 지향은 이미 특수한 고유성의 작용이기 때문이다. 화가와 조각가가 생명(organisch) 기능이 갖는 정신적 내용의 다양성을 따르는 것과 다르게 서로 분리된다면, 그리고 (과제는 운문체 담화예술과 산문체 담화예술의 분리와 일치하지 않을 것이기 때문에) 이렇게 분리되어야 하는 시 예술이 늘 하나로 존재한다면, 예술은 그것을 외부로 드러내는 생명 기능의 다른 측면에 따라 개별화한다는 결론을 도출해야 한다. 우리는 본래의 기술을 이차적인 것으로 보지 않고도 화가와 조각가의 경계를 올바로 규정해야 한다. 조각가는 대리석을 수공예자에게 전적으로 맡길 수 있지만, 그 자신은 모델이 물체적 모양을 갖추게 해야 한다. 건축가는 오로지 평면도와 윤곽도만 만든다. 이러한 차이는 건축가는 수학적 형태를 산출하고 조각가는 유기체적 형식을 산출한다는 사실과 연관되어 있다. 화가는 스스로 스케치하고 조명을 준비해야 하며, 무언극 연기자는 모든 개별자를 자신의 신체에서 실행해야 한다. 그는 합성된 작품에서만 이전에 만든 것을 복제하게 해야 한다. 이것은 유의미한 운동에 대한 그의 관심이 내적이어야 하며 충동은 운동 자체를 향한 충동이어야 한다는 사실과 연관되어 있다. 이러한 관계는 음악에서도 마찬가지이다.

제25강. 성악에서 관현악으로 넘어가는 이행이 있어야 하며 관현악은 무한히 다양한 내적 자극을 표현할 수 있다는 것을 전제하려고 한다. 그러나 같은 지점으로부터 일련의 사유 특성 가운데 자극이 인식됨으로써 서정시가 직접적 표현으로 발생한다. 마지막으로 이것은 조형예술로 수용된다. 인간 형태 속에 묘사된 가장 내적인 표현 모두는 이러한 근원을 갖기 때문이다. 윤리적 활동성은 그것이 사교적인 한 완전한 자유를 위한 담화에서만 다듬어질 수 있다. 자연 가운데 이루어지는 작업이 있는 한 예술은 자연으로부터 생겨난다. 목적을 위해 어떤 것을 의도하는 것 가운데 규칙적 조형이 포함되어 있다면 이것은 건축에 등장하는 규칙적 조형이다.

제26강. 건축 : 조원술(造園術) = 조각 : 회화. 이집트와 인도의 거대한 건축물은 이들의 윤리적 계기이다. 두 민족의 자연 활동성은 많은 양에서만 가치를 갖기 때문이다. 나중에 다른 형태가 만들어졌으나 이것은 항상 공적 삶에 적용된다. 모든 예술에는 공적 삶과 아무런 관계를 맺지 않는 개인의 삶에서 출발하는 낮은 장르가 있다. 여기서 최초로 출발하는 예술은 어떤 고상한 것이 존재하자마자 다른 예술로 연결된다. 시는 일상을 넘어서는 모든 고상한 것을 위해 존재한다. 전체 의식은 정치적이든 종교적이든 사교적이든 간에 언어를 통해 매개되기 때문이다. 센터는 즐기는 사람들과 공동으로 만족하기 위해 병합된 작품이 건축적 공간으로 통합될 때 비로소 완성된다. 여기서 우리는 예술의 통일성과 분리 및 외적 표현과 사변적 경향을 하나의 계기로 축약했다.[10]

제27강. 다양한 관점에서 언급된 것의 요약. 자유로운 산출은 반응의 산출(무언극, 음악), 파악하는 형태의 산출(조각, 회화), 윤리적 산출(시, 건축)이다. 장르는 개별적 삶에서 출발하는 예술(저급 예술)과 전체 삶에서 출발하는 예술(고급 예술)로 구성된다. 저급 예술에서는 모든 예술이 아예 소외되어 있으며 항상 통합을 지향한다. 예술들은 특유한 차이를 따라 개별화된다. 무언극과 음악은 내적으로 전혀 다르다.11

제28강. 보편적 예술 열광 자체는 그것이 아무런 예술 활동도 산출할 수 없는 것과 마찬가지로 다양한 등급으로 존재할 수 있고 현시될 수 있다. 우리는 반인반마인 켄타우루스를 보면서 자유로우나 허위적인 형태 형성을 인식하며, 요정을 보면서 허위적이나 자유로운 표상을 인식한다. 윤리적인 영역에서 이것은 개별적 윤리적 관계를 이상화하는 것과 같다. 우리는 이것을 자유로운 유희로서 참이나 거짓으로 받아들이지만, 이를 윤리적 활동과 혼동하지 않으려고 한다. 오히려 모든 직접적 목적 개념은 결합으로 정당화되어야 한다. 이것은 윤리적 이념의 사변적 표현과도 혼동되어서는 안 된다. 윤리적 이념은 위에서

---

10 1) 예술은 예술적 삶과 궁중 생활 안에 제한될 때만 지속된다. 여기서 군중은 여전히 속박된 활동에 묶여있다. 2) 민족성은 모든 규정적 예술 발전의 조건이다.

11 영감에 대하여. 보편 예술은 정신을 지향하며, 특수 예술은 본래의 활동과 결합한다. 말하자면 특수 예술은 본래의 활동에서 빠져나오는 것에 기인한다.

언급한 이상화의 요약이지만 개별성을 부여하기 때문이다. 만약 자유로운 산출이 자연에 존재하나 아직 주어지지 않은 것을 예감하고 윤리적인 영역에서도 신적인 예술을 터치한다면, 우리는 이러한 이행에서도 예술의 높은 위치가 정당화된다고 본다. (1832년 강의, 1828년의 연속) 특수한 열광도 이러한 방식으로 나타난다. 무언극 연기자는 인간적 형태의 유의미한 운동성으로부터 열광한다. 그가 인간적 상태에서 지각하는 모든 것은 그에게 운동의 형태가 되어야 한다. 음악가는 음정의 공감적 힘에서 열광하며, 조각가는 살아있는 형태를 띤 자연의 조형적 힘에서 열광한다. 화가는 빛과 생명의 상호 관계에서 열광하고, 시인은 언어의 공감적 힘에서 열광하며, 건축가는 질량을 지배하는 인간의 힘과 유기체적 자연의 힘에서 열광한다. 수학적 형성을 위한 감각은 건축적 화가를 만들 뿐 건축가를 만들지 않는다. 이것은 유기체적인 것을 위한 감각이 예술 정원사를 만들지 않고 풍경 화가를 만드는 것과 같다. 그러니까 보편적 열광과 특수한 열광의 두 영역은 본질적으로 공동의 삶의 의식에 기인한다.

제29강. 예술 활동성을 최종적인 내적 지점까지, 즉 예술가의 내적 형태화 과정까지 추적한다면 우리는 여기서 창작을 자유로운 산출의 결과로 요청해야 한다. 이에 반해 걸작에서도 나타나는 대상의 잦은 반복은, 창작이 아주 자유롭게 이루어지는 풍속화와 시민 연극이 더 적게 주목을 받는다는 것을 가리킨다. 풍속화와 시민 연극은 개인의 삶과 관계한다면, 걸작은 종교적, 민족적 공동체의 삶을 생생하게 보여준다. 성모마리아와 안티고네는 개인의 삶과 다르다. 이러한 차이는 예술가의 내적 형태화 과정에 나타난다. 이것은 단순히 공간적, 시간적 차이가 아니라 또 다른 특유성의 표현이며 이 특유성 가운데 들어있는 다양한 기분이다. 특히 다양한 요소를 총괄하는 예술 영역에서 창작은 큰 의미를 소유한다.

30강. 다른 경우라면 감추어져 있을 동기가 규정적으로 등장으로써, 희극적인 것은 자유로운 산출을 현실과 이상의 대립으로 설명한다. 극시(劇詩)에서 이것을 가장 분명하게 직관할 수 있다.

31강. 창작은 무언극과 음악에서 시와 결합하며 회화에서는 요소나 하부 장르로 나타난다. 조각에서 창작은 (실레노스[12]와 파운[13]의 형태처럼) 아주 절제되어 있고, 건축에서는 업무적 진지함과 공동체 전체 의식에 근거하는 그 유사성 때문에 창작은 전혀 등장하지 않는다. 우리가 고찰해야 하는 계기는 창작에서 외적 표현으로 넘어가는 이행이다.

---

12 (역자주) Silen. 바쿠스의 종복.
13 (역자주) Faunen. 숲의 신. 그리스 신화의 사티로스(Satyr).

외적 표현 자체를 고찰해 보면 그것은 물론 관여하지 않으나 창작의 완전한 조성에 확실한 영향을 미친다. 그 결과 창작은 외적 표현과 함께 등장하기보다 아예 드물게 등장한다. 화가의 창작은 피사체의 윤곽과 함께 빛과 색조 일반을 생각하지 않는 한 아예 시작하지 않았다. 시인에게 이와 유사한 것은 운율이다. 창작은 오로지 외적 표현과 함께 내적으로 조성된다. 그렇지 않는다면 화가와 시인은 결코 변해서는 안 된다. 이와 같이 무언극 연기자는 반복되는 시도를 통해 변화한다. 건축가의 경우 모든 것은 수학적 형태화의 본성에서 출발하는 필연적인 것을 향해 무질서하게 규정된다. 그럼에도 주요 주제는 내적 감각 활동과 외적 감각 활동의 관계를 자연적으로 표현한 것이다.

자유로운 산출을 향한 자극, 창작, 실행, 이 세 가지 계기는 예술사로 들어가는 열쇠와 모든 완전한 이탈을 설명하는 열쇠를 제공한다. 이탈에서 우리는 다시금 국적에서 출발해야 한다.

방향은 다양한 민족에게 다양한 등급으로 나타날 뿐만 아니라 다양한 시대에도 존재한다. 그리고 이 방향은 항상 각각의 민족 안에서 아주 비동일적으로 나누어진다.

제32강. 거대한 시대에는 예술 원칙이 양적인 기계적 숙련성 작업과 완전히 분리되지 않았다. 양적 수용성이 없는 예술 원칙과 창작 능력은 파괴된 전체 삶에서만 생각할 수 있다. 그다음에 개별 삶에서 출발하는 장르가 유행한다. 이것은 큰 형식에서 낯선 소재의 모방만 있는 프랑스 예술이다. 이와 반대로 개인의 교육이 열악하므로 커다란 파괴를 따르는 장르가 있다. 셰익스피어의 경우 민족적 삶의 창작이 사람들의 마음을 사로잡았다. 독일에서 종교개혁을 통해 대중에게 일깨워진 종교음악과 시에 대한 수용성이 있었으나 이는 일면적이다. 이 수용성은 타인을 위해서는 아무런 영향을 미치지 못하고 죽어있었다. 창작은 아무런 집중력 없이 풍부할 수 있다. 이것은 스케치 예술이다.

제33강. 스케치에 창작의 우세가 있는 것처럼, 복제할 때는 창작 없는 실행의 우세가 나타난다. 그러나 이 실행은 순환적 요소의 미세한 변경에서 보이는 조그만 창작으로 이루어지기도 한다. 독일인에게는 (일상 업무와 전적으로 분리된) 고딕 건축술이나 사소한 일상에서 수공예와 작은 도구의 경계를 스치는 정연한 예술이 있었다. 서예에 근접하는 회화도 이와 흡사하다.

이러한 차이는 이제 예술의 도덕적 판단에 이른다. 예술이 정열을 완화하고 정화한다는 옛말은 이 차이를 해소할 수 없다. 아테네 예술이 꽃필 때 정치와 도덕은 전적으로 정열에 예속되었다. 기독교 회화가 만개했을 때는 미신과 정열적 상태가 지배했다. 개별 예술가들도 종교적으로 열광했으며 그들의 예술에 종교적 방향을 설정했고, 이 가운데서 그들은 공통감각의 기관이었다. 똑같은 잘못은 예술이 오로지 사치와 부패의 산물에 불과하다는 것이었다. 취미의 발전이 이전보다 사람들을 더 평등하게 하고 저급한 감각 욕구의 만족을 제한함으로써 그들의 이력이 윤리적 발전과 연관됨에도 불구하고 우리는 예술에서 특정 도덕적 영향을 기대해서는 안 된다. 그러나 예술을 이러한 영향에 따라 평가하기를 원한다면 사람들은 이 평가를 내면에서가 아니라 외부에서 구성한다.

제34강. 예술에 대한 윤리적 요구를 판단하는 것은 심정이 자유로운 산출을 고수하며 의무적 활동성의 영역으로 넘어갈 수 없으므로 예술 자체는 일반적으로 의지의 운동을 펼치지 않는다는 것이다. (동일한 근거에서 예술은 하나의 통찰을 고정할 수 없다.) 예술은 종교적 예술도 아니며 착한 의지 운동도 아니고 육감적, 관능적 운동도 아니다. 이 판단은 항상 예술에 낯선 예술가의 감각에서 발생하며 이를 통해 다른 것에다 자신의 감각을 퍼뜨리려고 한다. 그러므로 예술은 더하거나 뺄 수 없는 것이다. 따라서 모든 예술 작품은 그 방식이 완전한 경우 절대적 가치를 갖는다. 가장 작은 격언도 비극과 같이 비교할 수 없는 가치를 갖는 것이다. 비교는 오로지 내적 형상만 완전하다면 외적 표현의 기술적인 측면을 고려하지 않고 오로지 완전성만을 향해 나아간다. 이러한 의미에서 개별자를 상징화하는 가장 진지한 양식의 예술,

그리고 개별자의 허무와 함께 유희하는 (희극적) 예술 사이에 아무런 구별이 없다. 왜냐하면 가장 진지한 양식의 예술에서는 개별자 자체가 멸절하는 반면 희극적 예술에서 개별자는 개별자 자체의 허무함의 상징으로 정립되기 때문이다.

제35강. 따라서 차이는 오로지 예술의 완전성에 있다. 예술의 개념은 보편적으로 파악될 수 있는가? 아니면 오로지 특수하게만 파악될 수 있는가? 예술이 오로지 특수하게만 파악된다면 예술 개념의 보편성 자체가 의심스러울 것이다. 우리는 출발점으로부터 다음과 같이 말할 수 있다. 자유로운 산출이 몰예술에서 멀어질수록 그것은 더 완전하다. 몰예술은 몽환적 혼돈이다. 그러므로 완전성은 고정된 규정적 구별자, 즉 모든 측면에서 측정된 기초적인 소리 운동이다. 전체로서 고찰해 보면 꿈은 점차 깨어있는 상태로 넘어간다. 지나가는 보조 생각도 스스로 제한을 두지 않는다. 그러므로 유기적 완전성은 제한된 것이다.

제36강. 이러한 결론 도출은 무의미하게 보이나 이에 맞서는 반론이 있다. 순수하게 측정하고 규정해 보면 나무 무리와 인간 무리는 그림들에서 구별되지 않기 때문이다. 『일리아데』는 완전히 제한되지 않는다.[14] 우리는 이 시를 하나로 볼 수 있거나 개별 노래들을 전체로 간주할 수 있기 때문이다. 이 시 안에는 자유로운 산출과의 연관이 아예 없으므로 사소하게 보인다. 그런데도 이 시를 이전의 것에서 읽어 들여야 한다면 성격 묘사는 독자적이며 그림 속의 요소로 남는다. 이와 마찬가지로 풍경의 모방은 불완전한 것으로서 배제된다. 우리는 이것을 먼저 배제하려고 한다.

모든 사람은 자신의 이상을 갖는다. 이 이상으로부터 그의 모든 계기가 파악될 수 있으며 그는 이 계기에서 등장할 수 있는 개별적인 변화를 파악해야 하고, 개별적 변화는 이 계기에 종속되어야 한다. 성격 묘사는 오로지 이와 같은 방식으로만 예술 작품이다. 자연적 풍경은 전체로서 작용하지 않는다. 이 풍경을 특정한 관점에서 액자에 넣는다면 이것은 예술가의 자유로운 산출이다. 풍경은 예술가가 묘사한 대로 존재하지 않는다. 모든 역사적 그림과 드라마에도 이와 동일한 것이 발생한다. 『일리아데』도 특정한 제한을 두었지만, 그것은 한 측면에서 무제한적으로 나타날 수 있었다. 『일리아데』가 작품의 폐쇄적 전체여야 한다면 그것은 무제한적이어서는 안 된다. 다수의 배경은 그림의 자립적 부분이며 그 가운데 개별자는 없다. 개별자에 대한 미세한 스케치는 예술 작품을 전적으로 벗어난다.

---

14 슐라이어마허는 여기서 호메로스의 질문을 암시한다. F. A. 볼프는 『오디세이』와 『일리아스』 가운데 호머의 유일한 저자성과 통일적 성격이 있는지 그 배경을 캐물음으로써 새로운 표현법을 제시했다. 원문 145쪽 참조. Friedrich August Wolf: *Prolego mena ad Homerum*, Halle 1759.

제37강. 생동적 요소에 적용해 보면 적절함의 개념은 모든 개별자란 동일자에 대한 특유한 변형이며 형태의 전체 표현을 위한 필연적 변형임을 보여준다. 따라서 예술적 산출은 자연에 대한 진정한 복제가 된다. 마찬가지로 소여(所與)에 대한 표현도 그것의 전체 존재에 대해, 그것으로부터 모든 계기가 파악될 수 있고 그 속에서 직관할 수 있는 그러한 규정으로 관계해야 한다. 만약 어떤 특정 현실이 상징적 위엄에 종속된다면 초상화에서의 파악도 마찬가지로 이상적이다. 이러한 의미에서 이상적인 것은 전적으로 요소적인 예술 완전성이다.

이것은 아름다움과 숭고함 개념의 비교로 나아간다. 여기서 우리는 주관적인 것에 대해 아주 쉽게 이해하지만, 객관적인 것을 결코 제대로 이루어지지 않게 한다. 칸트 같은 철학자도 수사적인 서술로 벗어난다.[15]

제38강(1832년). 이어지는 서술을 상세한 논의를 통해 비판하거나, 모자라는 지식으로 개별 이론가에게 부당한 일을 하지 않고는 아름다움과 숭고 이론 비판에 관여할 수 없다. 따라서 나는 우리의 명제를 설명할 수 있는 내용만 드러내 보인다. 결핍 없는 현존(셸링)으로서의

---

15 (역자주) 슐라이어마허는 여기서 칸트의 『판단력 비판』에 나타난 대립적인 두 가지 미학적 범주로서의 아름다움과 숭고의 규정을 암시한다.

아름다움은 우리가 갖는 이상의 한 부분일 뿐이다. 이것은 소재가 형식의 형성에 아무런 방해가 되지 않아서 관계가 방해받지 않으며 척도도 후퇴하지 않는다는 사실에 속한다. 결핍 없는 현존이라는 표현에는 산출된 것이 총체적 현상의 본질적 계기라는 사실은 없다. 우리가 저 두 번째 계기를 특징적인 것이라 부른다면 특징적인 것은 이러한 의미에서 우리의 이상이 되기 위하여 아름다움에 덧붙여져야 할 것이다. 이것에 반하여 특징적인 것을 자연이나 역사에 주어져 있는 것에 대한 적합성으로 이해하면 이것이 예술의 완전성에 속한다는 사실에 대한 반론은 당연히 발생한다.

셸링은 이것을 조형예술에 대해서만 말하지만 여기서 특수한 표현은 아직 필요 없을 수 있다. 셸링이 아름다움에 대해 심리학적 설명보다 물리학적 설명을 시도해야 한다고 말한다면, 이것은 일면적인 것에 불과하다. 이에 반해서 우리는 양자의 균형, 즉 대립적인 방식에서 이루어지는 양자의 통일에서 출발했다.

숭고는 항상 두 가지 결과에 이른다. 첫째, 아름다움에 모순되지 않는 숭고는 아름다움이 아니다. 둘째, 숭고는 우리가 그것에서 벗어나려고 하는 의도 없이 우리를 압도하는 것이다. 이 둘의 연관은 우리가 숭고에 압도당하면서도 아름다움에 관해 묻지 않는다는 데 있다. 압도함은 결핍 없는 현존으로부터 나올 수 없으며 오히려 극복할 수 없는 것에서, 심지어 그 주변의 척도에 따라 나올 수 있다. 창세기와 칼라스의 고전적 구절이 이를 잘 설명한다.[16] 창세기에서 숭고가 하나님의 말씀에 있는지 아니면 빛에 있는지 의심할 수 있다. 생명에는 왜 숭고가 없는가? 생명체의 기원을 상세하게 기술한 구절에는 숭고가 있는가? 그 명백한 이유는 생명체의 기원이 짧게 기술될 수 없었기 때문이다. 최대한의 간결한 표현이 숭고에 속한다기보다 숭고의 인상에는 몰락이 유리하지 않기 때문이다. 여기서 숭고는 신적 의지의 불가항력이다. 이와 마찬가지로 칼라스에서 숭고는 공포 없는 대담함이다.

이것을 우리의 명제로 되돌리면 숭고는 보편적 공존에 대한 개별의 규정적 관계를 표현한 것이다. 동일한 측면에서 한 걸음 더 나아가면 야만적 파괴자가 있다. 다른 측면에서 숭고의 반대는 그 자체로 보살핌과 혜택을 요구하는 연약함과 귀여움이다. 야만의 반대는 공존에서 존립할 수 없는 연약한 무성(無性)이다.

---

16 Schweizer의 1832/33년 강의 노트 668쪽 참조. 창세기 1장 3절: "하나님이 가라사대 빛이 있으라 하시매 빛이 있었고." Calas에 대해서는 Racine의 비극 『아탈리』 1막 (*Athalie*, Paris 1691) 참조. "친애하는 아브너여, 나는 신을 두려워할 뿐 다른 공포는 없다오." 슐라이어마허는 시에 나타난 숭고의 사례로 툴루즈의 개신교도였던 상인 Jean Calas(1698~1762)를 언급하며, 그를 통해 신 앞의 용기와 두려움 없음을 의도한다. 장 칼라스 스캔들은 가톨릭으로 개종하려던 그의 맏아들이 가족에 의해 살해당한 사건을 가리키며, 볼테르는 종교적 자유를 묘사하면서 Calas의 명예 회복을 시도한 바 있다. Voltair, "Traité sur la tolérance" (1763). 원문 147쪽 참조.

39강. 예술 작품의 내적 제한은 전체로서의 예술 작품의 완성이다. 이것은 외부를 향한 제한만이 아니라 모든 부분의 상호적 규정과 상호 관계이다. (외부를 향한 제한과 통일성의 범위는 종종 환상곡 음악에서 확인되나 서사시에 이런 것이 있는지는 의심스럽다.) 특정 예술의 특유한 본질과 연관하여 외부를 향한 제한과 통일성의 범위가 결핍되는 곳에서는 예술 작품을 거의 인식할 수 없다. 그러나 이것이 아주 엄격하게 받아들여져야 한다면 부속물은 있을 수 없을 것이다. (빈공간은 자유로운 유희의 관객을 자극하며, 부속물은 이것을 고정한다.)

제40강(1832). 부속물 또는 장식물은 개별 예술가의 양식 및 파악 방식에 따라 다양한 척도를 갖는다. 구별이 거의 없는 장르들은 가치가 없다. 예컨대 조용한 삶은 거의 장식물로만 이루어진다. 따라서 부속물은 예술 작품보다 독자적으로 등장해야 하며 절대적 가치도 지닌다. 아라베스크, 빛의 투사. 그러나 자유로운 산출이 늘 종속적으로 현상하는 존재 형식만을 향해 기획된다면 순전히 이런 작품을 만들어 온 사람은 참된 예술가가 아닐 것이다. 진정한 예술가가 볼 때 종속적으로 현상하는 이런 형식은 오로지 다른 사람을 위한 것일 수 있다. 결국 이것은 연구이다. 여기에 연구와 작품의 대립이 있다.

제41강. 스케치와 작품. 중심 작품과 외적 동기에 따라 만들어진 작품.17

제42강. 이 둘 사이에도 상호 접근이 있다. 한편으로 자기 삶의 계기와 맺는 관계가 있으며, 다른 한편으로 공통의 삶이 미치는 간접적 영향이 있다. 간접적 영향이 없다면 정당화될 수 없는 복제나 몰락이나 새로운 시기의 시작이 있다. (이 모든 방식에는 전진적인 것이 있다.) 다만 실제로 새로운 것은 습관적으로 늘 일종의 영점(零點)을 가진다. 예컨대 프랑스 회화는 민속적으로 형성될 수 없는 근원적 신화와 유비를 모방한다. 명가수는 30년 전쟁이나 그 후의 심대한 민족의 몰락 가운데 개별적으로 산재하는 시를 읊조리는 궁정가인(宮庭歌人)을 따라 부른다. 다음으로 시와 삶에서 프랑스적인 것을 모방하는 것이 있지만, 이것은 정당화할 수 없다.

제43강(1832). 성탄절 이전의 두 시간은 장식물을 다루는 것에서 벗어나 본래적 예술 영역과 비본래적 예술 영역 간의 대립으로 되돌아간다. 비본래적 예술 영역에서는 예술 자체가 다른 영역에 있는 부속물이다. 이것과 관련해서 고대 예술과 근대 예술의 대립도 주제 이탈로

---

17 (역자주) 상상력의 자유로운 산출이 아닌 작품.

다루어진다. 우리는 스스로 이 문제로 되돌아갈 수 없기 때문이다. 이 대립은 종속적인 문제이다. 마지막으로 예술의 배치는 예술이 어떻게 다른 것의 부속물이 되는지를 보여주는 관계에 근거하며, 동반 예술이 자기의식의 반응에서 더 많이 출발한다는 사실과 연관되어 있음을 보여준다.

제44강(1883. 1. 3.). 일치됨을 보여주는 요약. 자유로운 산출은 무언극과 음악에서 몰예술적 반응과 연결되며 본질적으로 동반적이며 자립적인 경우가 별로 없다. (여기서 음악은 그 근원인 성악으로 소급된다.) 소리와 운동은 기분을 몰예술적으로 표현하는 것에서 결합한다. 그 등급과 관계는 민족마다 다르다. 따라서 무언극과 음악은 분리되어야 한다.

I. 무언극. 무언극에서 내적 기분을 의도와 무관하게 동반하는 운동에 나타나는 자유로운 산출. 운동은 현상해야 한다. 간접적으로만 나타나는 운동(호흡)과 직접적으로 지각되는 운동 간의 대립. 노출된 부분과 은폐된 부분의 대립. 몸을 감싸는 의상은 운동을 저지하나, 주름 잡힌 의상은 운동에 영향을 미친다. 주름 잡힌 의상은 예술 의미로부터 출발한다. 따라서 예술은 다시금 주저하면서 주저에 영향을 미친다.[18]

---

18 (역자주) 예술은 망설이면서 망설임 자체에 영향을 미친다.

제45강. 일련의 운동으로서 운동들은 분리되어야 한다. 말하자면 정지를 통해 분리되어야 한다. 그러나 분리가 절대적이어서는 안 된다. 그렇지 않다면 모든 것은 고립되어야 할 것이다. 공간에서 순수하게 부분적인 운동이 없듯이 시간에서 순수하게 고립된 운동도 없다. 따라서 정지는 오로지 최소한의 운동이며 심지어 양방향을 향한 운동이다. 표정에서 운동의 흔적이 [순간적인] 표현이라면, 본래적인 운동에서 그 흔적은 [지속적인] 포즈를 취하는 것이다. 그러므로 물리적 요소의 요소적 완전성은 모든 것이 쉽게 다른 것으로 이행한다는 것이다. 정지 속에서 과거를 인식하고 미래를 예감한다면 정지는 생동적이다. 운동은 그것이 발생한 상태와의 연관에서 나오지 않고 그것이 이행하는 대상이 무엇인지를 직시할 수 있다면 적절하다.

표정 운동과 사지 운동의 대립은 사람들이 표정 운동에서 가장 작은 변화를 인식하는 최소치라는 대립이다. 그 결과 여기서 사람들은 특히 개별자를 가리킨다. 이와 반대로 큰 운동은 주로 사교적이며, 춤은 본성적으로 합창이다. 연극 예술가에게서 보이는 작은 운동은 말의 지원을 통해 이루어진다. (솔로 춤은 더 큰 전체의 한 부분임이 아주 분명하지 않을 때 춤의 변질이다.)

표정 운동과 사지 운동의 대립은 무언극과 춤 예술을 분리하는 근거이다. 공간을 오가는 신체(locomotive) 운동과 정지 상태의 제스처 운동 간의 구별을 파악해야 한다. 표정 운동은 몸짓 운동에 속하며 포즈는 무언극에 속한다. (무언극에서 신체 운동은 연극적인 것을 통해서만 제약된다.) 춤 예술에는 신체 운동, 제스처 운동, 포즈가 속한다. 결국 무언극에서는 신체 운동이 제스처 운동에 수렴된다.

제46강. 물리적인 것과 윤리학적인 것의 특징은 양자의 구분과 정확하게 부합하지 않는다. 따라서 개별 분과와 장르는 논리적 구분을 통해 엄격하게 파악될 수 없으며 개별적으로 분화한다. 고대에는 드라마의 표정 연기가 하위에 있으며 가면 때문에 눈 연기에 제한된다. 이러한 사정을 이유로 해서 본래적 무언극과 춤 예술을 전혀 다른 예술의 자리에 위치시키는 것은 옳지 않다. 마찬가지로 표정 운동과 제스처 운동의 관계는 모든 내적 변화가 먼저 표정 운동에서 드러나므로 본질적으로 동일하다. 남유럽인들의 표정 운동은 북유럽인들보다 더 경쾌하고 빠르게 이행한다.

표정 운동과 제스처 운동을 큰 예술 영역으로 통합하기 위해 열광에 대한 고찰이 있다. (1833년 강의, 제46강의 연속) 이것은 전반적으로 자유로운 산출을 지향하는 방향이며 몸의 자의적인 운동성에 적용된다. 정신적인 것은 무언극 연기자에게 더 많이 속하며 육체적인 것은 춤 연기자에게 더 많이 속한다. 춤 연기자는 전체적 형태를 더 많이 보여주기 때문이다. 그러나 묘사된 성격을 위해 무언극 연기자에게 열광을 요구한다면 사람들은 당황하게 되며 아주 잘못된 방식으로 특수화된다. 한 연기자가 자신의 신체적 조건 영역 가운데 있는 것을 표현할 수 없다면 이것은 불완전성이기 때문이다. 여기에는 아마도 몰예술적인 것으로의 회귀가 근간에 놓여있으며, 이것은 최소한 그의 예술적 재능의 결핍이다.

이제 우리가 무언극을 근원적으로 고립시키고 이를 오로지 극시와의 결합에서만 어울리는 것으로 이해한다면 우리에게는 반대 심급으로 판토마임이 등장한다. 판토마임에서는 무언극이 시 대신에 춤과 결합하며, 늘 임의의 곳으로부터 표현된 관계가 이미 알려진 것으로 전제된다.

제47강. 무언극 예술의 전체 영역에서 종교적 양식과 사교적 양식의 대립을 인식하기 위해 우리는 이제 일면적인 근대 양식에서 빠져나와야 한다. 고대에서는 종교적 무언극이 정치 속에 침잠했고, 춤 예술은 부분적으로 판토마임으로 간주할 수 있는 사원 축제 가운데 침잠했다.

I. 춤 예술. 민속춤에서 출발하여 대부분 몸 안으로 침잠하는 예술 행위다. 정해진 활동성은 신체적 노력에 있으며 예술들의 중간 공간에서 발생한다. 즉, 종교 집회에서 자양분을 발견한 정신적인 것을 향한 방향과 동일한 양식의 자유로운 산출에서 발생한다. 정해진 활동성은 이러한 등급에서 필요의 사실로 나타난다. 따라서 여기에는

의지가 존재하지 않으며 자기의식의 통일성은 지양된다. 이 통일성은 나중에 다시 산출된다. 그러므로 민속춤에서의 춤 예술 운동은 긴장과 노력에 근접하기 때문에 투박한 것으로 나타난다.

윤리적 자연필연성은 청교도 시대와 카를 2세가 반겼던 반동주의 시대로부터 밝혀진다.[19]

제48강. 이러한 동기와 맞지 않는 상위 계층의 사교춤은 오로지 민속춤에서 지속적으로 발전된 것으로 간주해야 한다. 세계 교통망이 많아질수록 여러 민족의 사교춤은 더 많이 동화된다. 하부 계층이 상부 계층에 가까워질수록 민속춤의 특유성은 아예 사라질 수 있다. 무대 춤은 판토마임에 속한다. 무대춤이 (특히 솔로의) 행위로부터 분리되어 등장하면 이 춤은 변종을 피할 수 없다.

춤의 운동은 리드미컬해야 한다. 시대에 맞게 박자를 맞추고 약음부 및 강음부와 함께 구별되어야 한다. 약음부 없이는 운동의 매력이 있을 수 없다. 약음부와 강음부의 근원 형태는 호흡과 순환이다. 합목적성에 따라 판단할 수 없는 리듬의 조화는 이러한 자연의 계기와

---

19 (역자주) 카를 1세의 차남인 카를 2세(1630~1685)는 부친을 이어 잉글랜드의 왕이 되어야 했으나 시민전쟁과 올리버 크롬웰의 '독립파'(Independents) 봉기 때문에 유배되었다. 1660년 크롬웰의 죽음 이후 의회는 그를 잉글랜드 왕으로 천명했는데, 이를 위해 그는 왕정복고 운동을 주도했다.

모순될 것이다. 리듬의 조화는 빠름과 느림의 대립, 곡선과 직선의 대립을 표현해야 하며 이러한 교환 가운데 리듬운동의 형태를 완전히 전개해야 한다. 춤이 관능적이면 변질된다. (이런 춤은 근동 지역 사람들에게서 볼 수 있다. 이들은 남녀가 어울려 추는 춤과 마찬가지로 여성을 남성이 보는 앞에서 춤추게 한다는 점에서 관능적이다.) 이는 윤리적으로 비판받을 뿐 아니라 미학적으로도 비판받을 수 있다. 유혹은 이질적인 동기이기 때문이다. 관객 중에도 욕구를 통해 예술 감각이 변하게 되는 경우가 있다. 관객의 파악은 예술적 파악이 아니다. 두 번째 변종은 화려한 말투의 변종이며 줄타기 춤의 변종이다.

제49강. 민속춤에서 민족은 기쁨의 자극을 받는데 이것은 몰예술적으로 보인다. 그러나 기분은 순간적으로 작용하지 않는 대신 그 자리에 초대받기 위해 한가한 시간을 알고서 스스로 집중한다. 이러한 몰예술의 가상은 고상한 신분의 사람들에게서 사라진다. 이들은 신체적 긴장으로부터의 해방을 느끼지 못하기 때문이다. 따라서 여기서 춤은 완전한 예술성을 전개할 수 있다. 춤은 아름다운 운동성을 위한 순수한 열정에서 출발하며 일반적으로 규범을 부여해야 한다. 완전한 거장의 특징은 항상 무대 춤에서 나타날 수 있다. 그러나 자연적인 형태 전개에 속하지 않는 운동은 무대 춤에 나타나지 않는다. 그 가운데는 순수한 만족이 없으며 난제를 극복한 기쁨만 존재한다. 기계적 거장성인 줄타기 춤은 춤 자체를 장식으로 소유할 수 있으나 아름다운 춤으로 후퇴해서는 안 된다. 이것은 관능적 춤처럼 반예술적이다.

춤 예술에서 엄격한 양식은 정신적 고양의 요소와 결합한다. 종교적 기분도 모여서 이것의 표명을 요청한다. (희생과 같이) 행위와 결합한 무언극적인 상징적 표현은 판토마임에 속한다. 그러나 순수한 운동인 상징적 표현, 행렬, 제단 관례는 순수하게 춤 예술적이다. 여기서 느린 척도와 가벼운 운동은 그 자체로 이해된다.

제50강. 미성숙한 민족에게 종교적 춤은 야만적이며 호색적이다. 종교적 춤은 이러한 변종에서 멀어질수록 양적으로 더 줄어든다. 여기서는 유의미한 모든 것이 무언극과 결부되어 있으므로 이에 대한 논의를 다음으로 연기해야 한다.

II. 본래적 무언극은 스스로 운동하지 않으면서 내면에 형성된 운동을 모방만 하므로 애당초 예술보다 더 순수하다. 특수한 열광은 다양한 관찰을 만들어내야 한다. 이 모든 관찰은 예술적 표현에 적용될 때 동등한 권리를 가진다. 다만 신체적 유사성은 한계가 있다. 연극에서 통상적인 역할 분담은 우리가 모든 측면의 공평무사한 열광을 고려하지 않고 공감을 고려한다는 사실을 입증하는 것처럼 보인다. 그러나 이것은 잘못된 것이다. 무언극의 세 가지 요소는 언어 무언극, 표정 무언극, 몸짓 무언극이다.

제51강. 무언극과 춤 예술의 구별은, 예술가가 다른 개인에게 행동하거나 몸짓으로 표현하는 한에서 모든 것이 예술이라는 사실을 통해 이루어진다. 강연자의 강연은 그가 예술가의 실행과 유사하다면 예술적일 수 있다. 더욱이 그가 산출의 계기를 나중에 이전의 계기로 표현한다면 그의 실행은 항상 예술적이다. (1833년 강의, 연속) 자연은 모든 이질적인 영향과 익숙한 방해로부터 자유로울 경우 세 요소를 유사한 계기에서 산출한다. 이처럼 예술가는 자연과 같이 세 요소를 산출해야 한다. 이 산출에는 모방과 규범이 동시에 작동한다. 우리가 예술 행위를 자연적 형식에서 고찰한다면 그것은 대화에서 일어난다. 독백은 하나의 대화에서 다른 대화로의 이행으로 생각될 수 있기 때문이다. 표정 무언극은 들음에서 시작하며 침묵의 연기에서도 이미 몸짓 무언극이 추가될 수 있다. 말이 시작하면 표정 무언극과 몸짓 무언극은 이미 언어 무언극[20]에 의해 지배된다. 사람들은 학교에서 익숙했으나 더 이상 사용하지 않는 잘못된 억양이나 강조 어법을 사용하지 않는다. 그러나 낯선 말에서 중요한 것은 올바른 이해이다.

---

20 (역자주) 언어 무언극은 언어가 말없이 작용하는 방식을 가리킨다. 목소리, 음성, 소리 강도, 강조, 감정 등이 미치는 영향 등을 사례로 들 수 있다.

몸짓 무언극에서 모든 민족과 모든 계층은 자신만의 개인적인 것과 적극적인 것을 갖고 있다. 이런 개인적이고 적극적인 것은 크고 작은 부분의 기호 언어에 기인한다. 그러므로 예술 일반의 진정한 완전성은 오로지 민족적일 수 있다. 이질적인 것이 드라마에 뒤섞이면 이것은 항상 의지에 반해 희극적인 것이 발생하는 위험을 불러일으킨다. 착각과 혼란을 불러일으키는 근대의 무언극은 여기서 지속적인 추상을 요구한다. 그 결과 독일어로 된 낯선 행위와 독일식의 몸짓이 종종 등장한다.

제52강. 무언극 연기자가 말한다면 표정 무언극은 후퇴하고 의지를 더 많이 동반하는 몸짓 무언극이 등장한다. 그러나 지배적인 것은 언어 무언극이다. 언어 무언극과 표정 무언극은 적대관계를 형성한다. 내적 인상이 고정될수록 언어 무언극은 줄어들고, 인상을 통해 활동이 특정될수록 표정 무언극은 더 강하게 등장한다. 이렇게 되면 표정 무언극은 상대적으로 멈추며 오로지 표정의 특징만 묘사한다. 따라서 고대에는 (XLIII) 아무런 단점도 없이 가면이 등장한다.[21] 왜냐하면 운율 없는 대화도, 합창과 말의 교체도 표정 무언극의 공간을 허용하지 않았기 때문이다. (XLVI) 여기서 무언극의 완전성이 어떤 경계에서

---

21 1819년 강의 43강 참조(본서 102쪽).

운동하는지가 설명된다.[22] 양적으로는 아무런 표현이 없는 것과 너무 많은 표현 사이를 오로지 민족적 척도에 따라 운동하는 것이며, 질적으로는 통속적이고 자연적인 것과 가장되고 부자연스러운 것 사이를 운동하는 것이다. 여기에는 규범을 제공하는 자연의 경향이 결핍되어 있으며, 남아있는 것은 모조품뿐이다. 올바른 파악은 아예 없다.

제53강(1833). 근대 연극의 과제는 거의 해소될 수 없다. 예술가가 표정 무언극에서 묘사해야 하는 것은 삶의 통일성이기 때문이다. 그러나 개인은 가면이 표현하는 것처럼 삶의 통일성을 불완전한 방식으로 표현할 수 있을 뿐이다. 따라서 판단에도 불확실성이 존재한다. 이에 반해 고대의 무언 연기자에게 필요했던 것은 단순히 낭독하고 가벼운 몸짓 무언극을 동반하는 것이었다. 그러나 여기에는 시인의 영향이 지배적이었고, 무언 연기자 자신은 시인의 완전한 기관이었다.

우리의 근대 연극에서 무언 연기자는 시인으로부터 자유로워지고 독자적인 예술가로 등장한다. 이것은 이탈리아 희극에서 최고로 나타난다. 여기서 시인은 작곡가처럼 규준을 제공하고 무언 연기자는 이를 실행한다. 이러한 모습은 가면이 필요 없는 특정한 인물들의 연속에서도 볼 수 있다. 이것은 희극적인 것에서 쉽게 확인되는데,

---

22 1819년 강의 46강 참조(본서 109쪽).

그 이유는 거의 매일 확인되는 현실이 희극적인 것에서 묘사될 수 있기 때문이다.

언어 무언극은 낭독에서 나타난다. 따라서 언어 무언극은 연극배우를 위한 합목적적 훈련장이다. 낭독해야 하는 대상 가운데 저자가 인물로 등장한다면, 이 인물이 한 사람이든 다수이든 상관없이, [제스처나 표정 무언극과 같은] 다른 무언극적 요소들도 그 자리를 요구한다. 본래적인 연극적 낭독은 언어 무언극과 연관하여 한계를 가지며 마찬가지로 다른 표현 형식과의 연관에서도 한계를 가진다. 전적으로 음성의 변화 없이는 낭독을 수행하기 어렵다.

제54강. 개인의 고조된 웅변이 낭독에 그치는 음악적 동반을 받아들이면, 드물게 등장하는 잡종인 감상적 음악극이 발생한다. 여기서 동반 예술의 개별 요소들이 다양한 방식으로 추구하고 견인하는 방식이 드러난다. 이것은 판토마임도 마찬가지이다.

III. 판토마임. 사람들이 어떻게 연극의 중요 부분을 축소하려고 했는지를 생각하기는 어렵다. (1833년 강의, 제54강 연속) 따라서 판토마임은 일종의 고상한 춤으로 고찰해야 한다. 민속춤에서는 개인 춤과 공동 춤의 교환 및 자기 발견과 자기 상실의 교환이 의미를 갖지만, 이것은 무규정적인 의미이다. 민속춤 자체는 이 무규정적인 의미에서 만족한다. 고상한 춤이 생겨나고 그 결과로 예술가와 군중이 구별된다면, 운동의 의미를 제고(提高)하는 이러한 자극이 무엇인지 설명할 수 있다. 이에 더해서 행위가 쉽게 인식될 수 있다. 그렇지 않다면 답답한 뜨내기 예술가의 설명이 필요할 것이다. 행위가 많은 부분을 가지고 있고 특정 출구가 있다면 판토마임은 연극에 근접할 수 있다.

결론. 많은 사람들이 무언극의 실행으로 협력하는 곳에는 운동의 멈춤으로 이행하는 다수의 일치가 있어야 한다. 공존 가운데 진정한 통일성이 있는 곳에서 많은 사람들은 운동의 계기로 함께 나아간다. 여기서 이들은 자신의 틀에서 형상의 통일성을 표현한다. 이것은 무리 지음이다.

제55강. 이러한 무리 지음은 모든 장르를 통해 아주 다양한 방식으로 나타난다. 춤 예술에서 개별 형식은 무리 지음과 운동의 관계에 따라 규정된다. 연극에서 형식은 오로지 중심 장(章)과 결론을 특징짓는다. 무언극은 다른 분야에서와 같이 우리의 고유한 영역 밖에 있다. 이것을 고찰한다면 우리는 무언극의 전체 순환을 간과할 수 있다. 연설가의 표정(Mimik), 세속적 연설가와 영적 설교자의 표정은 다른 사람을 대상으로 한다. 이들이 실제로 자기 자신을 이전의 순간에서 표현한다면 적어도 표정에서 먼저 생각한 가상을 배제해야 한다. 따라서 여기서 척도와 다양한 운동은 정식 가운데 놓이기 위하여 인격성과 결합한다. 그러나 이러한 직업이 무언극 예술을 상호 이해하면서 실행하는 삶의 영역에서 행사되는지, 행사되지 않는지를 구별하는 것은 분명하다(후자의 경우, 단순한 철자 교육이 이 직업에 미치는 불리한 영향). (1833년 강의, 제55강 연속) 이와 같은 방식으로 이 영향은 예술에서 출발하는 근원을 기억에 떠올리는 운동의 우아함인데, 이는 업무적 삶과 사회적 삶으로 퍼져나간다. 일상으로 복귀하는 것은 예술의 종언이다.

민속춤으로서의 시작과 이러한 종언 사이에 개인의 삶을 위해 늘 다시금 새로워지는 예술의 전체 과정이 놓여있다. 그러나 예술의 실행 자체는 최고의 시기에 포함된다. 그러나 이 실행은 삶의 원칙 및 생명과의 결합에서 나타나는 긴장과 여유의 대립이 특정 의식에 나타날 때 시작하지 않는다. 그리고 이 실행은 춤 예술이 삶 자체를 특정한 모습으로 형성할 때 곧바로 멈추는 것도 아니다. 예술의 실행이 멈추는 것은 정신적 측면에서 삶의 원칙 자체가 더 이상 표현을 원하지 않기 때문이다. 육체적으로는 직업 규정의 흔적이 생명에 표현되지 않기 때문이다. 생명이 더 이상 순수한 만족의 대상으로 파악되지 않기 때문인 것이다. 다음으로 무언극의 시기는 대다수를 위해 오로지 비본래적인 영역에서 종속 형식과 낭독으로 시작한다. 무언극이 본래적인 직업으로 실행될 수 있는가 하는 물음은 극시와의 연관에서만 제기될 수 있다.

제56강. 무언극이 이미 알려진 다른 예술들과 맺는 관계(1819년 강의 48강 마지막 부분 참조).

제56강 연속(1833). II. 음악은 소리의 물리적 요소이다. 음악으로의 이행은 노래하는 말에서 일어난다. 이것은 물음에서 확인되며, 자연의 음에서 나오는 울음과 웃음에서, 그리고 감탄사에서 확인된다. 적절한 음정은 리듬과 박자의 시간 부분으로 나누어진다. 빨라짐이 없는 리듬을 생각하지 못하며, 약음부와 강음부가 없는 박자의 진행을 생각할 수 없다. 높은음과 낮은음으로의 분화되는 리듬과 박자는 멜로디이다. 멜로디 악장은 예술 전체이며, 이것은 그 사이에 끼어드는 의식과 의지 없이는 생각할 수 없다.

제57강. 음악가는 무언극 연기자와 같이 그 자신이 운동이 아니며 운동을 표현할 뿐이다. 이것은 아주 작은 음악 창작물이 실제로 이해될 수 없다는 것을 보여준다. 템포와 리듬 일반이 멜로디보다 더 쉽게 이해된다. (제57강 연속) 다수의 악기에 나타나는 다채로운 음정은 음악을 명쾌하게 이해시키지 못한다. 이러한 다채로운 음정은 아무런 근거 없이 발생할 수 없으므로 이 음정과 함께 다른 것이 의도된다는 것을 전제해야 한다.[23]

---

23 (역자주) 음악의 다양한 분화는 단순히 이해를 목적으로 한다기보다 음악의 정열과

우리는 예컨대 전쟁 음악의 폭력이 기리는 것과 같은 비본래적인 영역에 머물러서는 안 된다.

1833년 강의. 예술의 계열이 건축에서 시작한다면 그 뒤를 잇는 것은 건축과 질료적으로 유사한 조각이 아니라 질서를 부여하는 활동성에서 나오는 조원술(造園術)이다. 다음으로 빛에 대한 관계 때문에 조원술과 유사한 회화가 나오고 조각이 그 뒤를 잇는다.

1833년 강의. 생업과 관련된 건축에서 출발하여 올라간다면 우리는 항상 비본래적인 예술 영역에 도달한다. 오래된 위대한 건축은 엄청난 힘의 자극으로부터 나온 공동의 작품이다. 이 작품 가운데는 최소한 특정 목적이 존재한다. 운동이 없고 경직된 질료에 대한 인간의 공동 활동은, 작품을 비교할 때 금방 알 수 있듯이 우연히 특수한 인간 현존을 묘사한다. 이 가운데 의식이 등장하면 자유로운 산출을 향한 방향 전환이 일어나고 [목적이 아닌] 단순한 표현이 펼쳐진다. 공동의 활동은 공적 삶과 관계하지 않는다면 공동의 작품이 될 수 없을 것이다. 따라서 특수한 열광은 공적 삶의 기능이나 계기와 관계하면서 형태화된 분량에서 공적 삶 자체를 표현한다. 이로부터 세 가지 중심 규칙이 발생한다. 개인의 집은 공적 삶의 자리에 (즉, 우리의 길거리에) 직접적으로 현상하는 한에서 공적 삶과 관계한다. 런던의 건물 전면도

영향을 목적으로 한다.

마찬가지이다.

근거는 전혀 행위가 아닌 상징적인 것으로부터 출발한다. 이것은 우리가 표현하는 알레고리적 인물과 같다. 인간화된 신(神)도 하나의 존재이다. 성격의 표현은 행위의 표현이 아니다. 묘사된 계기에 가운데 성격의 표현이 등장한다. 그러나 이것은 항상 경박한 현존재의 표현에 불과하다.

형태에 대한 전체 묘사에서는 얼굴이 많이 사라진다. 윤리적 표현은 오래 전의 과거로 되돌아간다. 조각에는 이러한 모습이 없다. 라오쿤[24]의 고통은 적어도 자기 자신으로부터 이해된다. 무대에서도 모든 형태를 그 자체로부터 고찰하려고 한다는 사실이 작용한다.

그러나 운동은 전반적으로 정지의 형태로 되돌아가야 한다. 우리는 호머에서 얼굴 표정에 국한하여 전체 형태를 묘사하는 서술을 자주 발견한다. 공적 삶이 상실된 이후 비로소 얼굴 표현이 더 많이 등장한다.

그런데도 인간은 움직이지 않는 것에 더 익숙했을 것이라고 말할 수 있다. 왜냐하면 호머는 활발하게 운동하는 신의 모습을 충분히 표현했기 때문이다.

---

24 (역자주) Laokoon은 그리스 신화에 나오는 아폴론의 사제. 그는 시민들에게 그리스 목마를 시내로 끌어들이지 말라고 경고한다. 신의 계획을 방해한 벌로 라오쿤과 그의 두 아들은 뱀에 의해 압살당한다.

부록

슐라이어마허의 미학과 예술 종교

슐라이어마허의 미학과 예술 종교

최신한

1. 모든 활동성은 예술적이다

예술의 핵심은 아름다움에 있으며, 예술철학은 아름다움의 객관성과 보편성을 추구한다. 예술철학의 다른 이름인 미학(Ästhetik)은 $\alpha\ddot{\imath}\sigma\theta\eta\sigma\iota\varsigma$의 그리스적 의미에 따라 '지각 이론'으로 이해된다. 따라서 미학이 추구하는 아름다움은 지각의 만족과 관련되며 넓은 의미에서 사고의 만족과 관련된다. 만족을 주는 것이 아름답다라는 말은 아름다움에 대한 가장 일반적인 정의이다. 예술적 사고는 만족을 목적으로 하는 자유로운 사고로서 자유로운 대화를 가능하게 한다. 예술적 사고는 진리를 추구하는 이론적 사고와 선(善)을 추구하는 실천적 사고와 구별된다. 예술적 사고를 근간으로 하는 예술 이론은 아름다움 그 자체 및 예술적 산출에 대한 이론적, 사변적 탐구인 동시에 아름다움의 경험적 현상에 대한 탐구이다.

슐라이어마허는 예술 이론을 지각 이론과 예술 산출 이론으로 파악한다. 그는 예술 이론을 예술에 대한 객관적 규정으로부터 정립하지 않고 예술적 산출의 관점에서 정립한다. 중요한 것은 예술적 산출에 대한 체계적 설명과 더불어 예술 작품을 주관적인 예술 활동성을 통해 설명하는 것이다. 아름다움은 인간의 자유로운 산출의 결과라는 점에서 행위 형식에서 찾아야 한다. 예술적 활동성은 행위 일반의 연관에서, 즉 사고 활동성 및 의지 활동성의 연관 속에서 파악되어야 한다.

예술을 예술적 존재론으로부터 설명하지 않고 예술적 활동성과 예술적 사고로부터 설명하는 것은 슐라이어마허 예술 이론이 갖는 특징이다. 이러한 이론적 경향은 예술 이론에만 보이지 않고 그의 철학 전반에 나타난다. 예술을 예술적 활동성으로부터 설명하는 것은, 이를 예술 존재론을 통해 정초(定礎)하는 것보다 더 현대적이다. 이것은 예술과 예술 작품에 대한 외적 토대나 형이상학적 전제로부터 출발하는 것이 아니라 주관적 비판의 원리로부터 출발하기 때문이다. 근대의 의식 철학과 비판 철학의 영향은 미학에서도 근본적이다. 슐라이어마허의 예술 이론은 예술에 대한 사변적 정초에서 출발해서 예술 작품을 판단하는 비판적 원리 구성에까지 나아간다.

슐라이어마허는 예술적 행위를 포함해서 인간의 행위 일반을 네 가지 틀에서 분석한다. 행위는 상징적(symbolisierend) 행위와 조직적

(organisierend) 행위로 나누어지며, 이 둘은 개인적 행위와 보편적 행위로 나누어진다. 상징적 행위는 인식적 활동성으로서 실재(Reales)를 이상(Ideales)으로 받아들이는 행위이며, 조직적 행위는 실천적 활동성으로서 이상을 실재 가운데 형성하는 행위이다. 예술적 활동성은 이 가운데서 '개인적 상징 행위'로 분류된다.

예술적 활동성을 포함한 인간의 모든 활동성은 세계를 파악하고 변형하며 변형의 완성을 지향한다. 이렇게 세계 변형을 완성하려고 한다는 점에서 인간의 모든 활동성은 예술적이다. 인간의 모든 활동성은 '형성적'이며, 완성을 지향하는 활동성은 '예술적'이다. 그러나 예술적 활동성은 인간의 전체 활동성에 포함되므로 예술적 활동성과 여타의 활동성은 서로 변증법적으로 관계한다. 이러한 변증법적 관계는 예술철학과 윤리학의 관계이며 행위를 매개로 한 예술과 자연의 관계이다. 예술세계는 예술적 활동성을 통해 형성된 제2의 자연이다.

슐라이어마허의 행위 이론을 통해서 볼 때 "전체 세계는 곧 예술 작품이다."(『성탄 축제』) "창조와 예술은 본질적인 상호관계항이다. 예술에서 인간이 창조적인 것과 같이 창조에서 신은 예술적이다."(Ästhetik) 더 나아가 "가장 위대한 예술 작품은 인간성을 재료로 삼은 작품이다."(『종교론』) 세계는 인간 활동성의 산물이며 최고로 완성된 인간의 활동성은 예술로 현상하기 때문이다. 이런 점에서 "도야(陶冶)된 삶은 애당초 예술 작품이자 아름다운 서술"(『성탄 축제』)

이다. 슐라이어마허에게 예술 작품으로 규정되는 도야된 삶은 구체적으로 학문, 국가의 헌법, 사교적 축제 등이다. 이것은 딜타이가 말하는 삶의 표현과 같으며 그가 헤겔로부터 차용하는 객관정신과 유사하다. 그러나 딜타이 및 헤겔과 달리 슐라이어마허는 정신의 외화(外化)보다 인간의 활동성이 구체화 된 세계의 예술적 특징을 강조한다.

자연이 신의 최초 산출이라면 예술은 인간의 최종 산출이다. 신의 활동성을 이어가는 예술적 활동성에서 신의 창조는 지속되며 인간의 역사는 발전한다. 그러나 예술을 통한 창조의 지속과 발전은 완결에 도달하지 못한다. 이런 점에서 슐라이어마허는 헤겔이 시도한『철학적 학문의 백과사전』과 달리 학문의 전체 분과를 '예술의 백과사전'으로 간주하며, 이런 이유로 분과들을 "온갖 불확실성을 소유한 백과사전적인 것"이라고 말한다(Ästhetik). 여기에는 완결이 있을 수 없으며 늘 새로운 것이 추구되고 보충되어야 한다. 예술의 백과사전으로 규정되는 학문을 통해 존재 전체가 비판적으로 보완되면서 목표에 근접해야 한다. 그러나 이 과정은 현실과 역사 가운데서 완결될 수 없으며 무한한 접근의 도정을 가야 한다. 이것은 초기 낭만주의의 중요한 특징이다.

2. 예술은 감정에서 유래하는 자유로운 산출이다

예술적 활동성에서는 행위의 상징적, 인식적 기능이 강조된다. 인식을 통해 실재적 존재가 이상적 존재로 고양되며 그 원형(Urbild)이 감각 가운데 현재화되기 때문이다. 실재는 예술적 인식 과정의 매개 없이 예술 작품으로 표현될 수 없으며 그 이상(理想)이 실현될 수 없다. 그러나 인식의 중심점은 애당초 예술에 있는 것이 아니라 학문에 있다. 인식적 활동성은 학문으로 귀결되어야 한다. 여기서 예술과 학문의 상관관계가 유비적으로 드러난다(H. Fischer, *Friedrich Schleiermacher*). 학문이 보편자와 연관해서 절대자를 지향하고 특수자와 연관해서 개별자를 지향하는 것처럼, "모든 예술은 종교적 경향성이나 절대적 경향성을 가지며 다른 한편으로 개별자와의 자유로운 유희로 해소된다."(Ästhetik) 학문과 예술은 인식을 공유하지만, 학문은 보편성을 지향하고 예술은 개인성을 지향한다. 동일한 이상(das Ideale)은 학문을 통해 보편적으로 파악된다면 예술을 통해서는 개성적으로 파악된다.

예술을 가능하게 하는 종교적 경향성과 자유로운 유희는 각각 보편 및 개별과 관계한다. 그러나 이 둘은 예술적 활동성의 이론에 토대를 두어야 한다. 말하자면 종교적 경향성과 자유로운 유희는 주관성의 틀에서 설명되어야 한다. 슐라이어마허는 종교적 경향성을 '종교적 감정'에 할당하고 자유로운 유희를 '상상력'에 할당한다. 따라서 예술의 근원은 종교적 감정에 있으며 그 구체적 실행은 상상력의 자유로운 유희를 통해 이루어지는 것이다. 종교적 감정으로부터 유래하는 보편적 내용은 상상력의 자유로운 유희를 통해 고유하고 개성적인 방식으로 예술 작품 가운데 구체화 된다. 따라서 예술 작품은 보편과 개별의 만남으로 파악되며 그때마다 전혀 새롭게 등장하는 개성적 보편(individuelles Allgemeine)으로 규정된다.

이런 맥락에서 슐라이어마허의 예술적 활동성은 감정으로부터 출발한다. 예술의 근원이 (종교적) 감정에 있다는 주장은 슐라이어마허의 예술 이론을 다른 예술 이론과 차별화하는 핵심이다. 예술의 자리는 외적인 것에 있지 않고 예술적 자극을 유발하는 내면성에 있으며 고유한 방식으로 감동되는 의식에 있다는 것이다. 이것은 학문의 합리성이나 정치–경제적 행위와 전적으로 구별된다. 이론과 실천이 자발적이고 능동적인 사고와 의지의 결과라면 예술은 수동적이고 수용적인 감정과 기분의 산물이다. "모든 예술은 총체적으로 기분의 표현"(Ästhetik)이며 자기 표명이다. 따라서 단순히 외부로부터 주어진 것은 예술과 관련될 수 있는 소재라 하더라도 예술적인 것이 아니며 기껏해야 자극을 불러일으키는 단순한 열정에 불과하다.

예술의 보편성을 가능하게 하는 감정은 그 자체가 무한자에 대한 감정이며 '우주'에 대한 느낌이다. 슐라이어마허의 주저 『종교론』과 『기독교 신앙』에서 이것은 '무한자에 대한 직관과 감정', '절대 의존감정' 및 '경건'으로 표현된다. 전체 체계의 토대를 이루는 『변증법』에서 감정은 사고의 반성적 활동에 선행하는 '직접적 자기의식'으로 규정된다. 감정은 신앙의 토대일 뿐 아니라 모든 지식과 행위의 토대이다. 슐라이어마허는 예술도 예외 없이 이러한 토대로부터 출발하는 것으로 간주하기에 예술의 근원은 종교적 감정이다. 인간의 모든 활동성은 종교적 감정으로부터 출발하며 이 감정에 뿌리를 두고 있다.

"종교적 감정의 지속은 기분"(Ästhetik)이다. 이 종교적 기분은 내적인 감동과 자극이기 때문에 다양한 방식으로 외화 되고 표현되려고 한다. "종교적 기분에 대한 반성은 도그마(교의학)가 되며 종교적 기분에 대한 묘사와 서술은 종교적 예술이 된다." "교의학의 반성은 감정을 사고에 근접하게 한다. 반성은 감정에 대한 사고이기 때문이다. 예술에서의 묘사와 서술은 자유로운 산출로서 대부분 객관적인 사고와 대립한다."(Ästhetik) 자유로운 산출은 예술이 되고 객관적 사고는 학문에 이른다. 감정은 항상 이 두 방향 가운데 하나를 택함으로써 교의학이나 종교적 예술이 된다. 이러한 사실은 역사적으로도 확인된다. 교의적 체계가 더 많이 만들어질수록 예술적 계열은 후퇴하며(스콜라 시대), 예술적 계열이 더 많이 형성될수록 교의학은 후퇴한다(고대 시대). 그렇지만 둘의 내용을 이론적으로, 체계적으로 밝힐 수 없다. 이것은 어디까지나 신의 개별적 현시이며 이러한 현시의 외화도 개별적으로 일어나며 간접적으로 일어나기 때문이다.

슐라이어마허에게 예술은 종교적 감정으로부터 출발하므로 그것이 종교적 예술로 귀결되는 것은 자연스럽다. 그러나 그의 예술 이론은 종교적 예술에 국한되지 않는다. 그는 종교적 예술 이론을 넘어서서 일반적인 예술 이론을 정립하려고 한다. 예술의 근원이 되는 감정은 상상력의 자유로운 유희와 만날 때 비로소 구체적인 예술 작품으로 귀결된다. 그러므로 "예술 작품의 원형은 자유로운 유희의 영역에 있다." "상상력의 자유로운 유희를 규정하는 것은 자극 계기이다."(Ästhetik)

여기서 슐라이어마허 고유의 예술적 활동성이 드러난다. "예술적 활동성은 자극, 원형 형성(Urbildung), 표현(Ausbildung)의 세 가지 계기로 이루어진다." ① 먼저 감정의 자극이 있어야 하며, ② 이것이 상상력을 자극하여 예술 작품의 원형을 내적으로 형태화해야 하고, ③ 이 원형을 척도와 형식에 따라 개별적으로 묘사하고 조직화한다. 예술은 자극받은 정열적 감정을 완화하고 부드럽게 하며 여기에다 척도와 형식을 부여한다. 척도는 자극이 만들어내는 원형으로부터 나오며, 원형은 거장다움에서 나온다. 원칙적으로 모든 사람이 원형을 조성할 수 있으므로 '모든 사람은 예술가'이다. 그러나 모든 행위가 예술이 아님은 자명한데, 그것은 모든 행위가 이러한 과정을 거치지 않기 때문이다.

예술이 산출되는 과정은 다음과 같다. "예술은 내적인 자극으로부터 표현을 야기하는 열광과, 원형으로부터 표현을 야기하는 숙고의 동일성이다."(Ästhetik) 감각을 통해 촉발된 세계는 상상력을 통해 원형의 체계로 살아난다. 이것은 세계가 사고를 통해 개념으로 형성되고 의지를 통해 실천적으로 변형되는 것과 같다. 그러나 예술적 형성은 개념적 형성 및 실천적 형성과 구별되어야 한다. 개념적 형성(이론)과 실천적 형성(실천)은 세계를 필연적으로 형성하거나 세계의 필연성을 파악하고 구현하는 것이라면 예술적 형성은 자유로운 형성이다. 예술을 통해 세계 자체가 변화되는 것은 아니다. 변화가 있다면 그것은 예술적 주체의 자유 획득이라는 변화이다. 세계에 대한 이론적, 실천적 관계를 대변하는 현대의 기술은 자연의 변형을 넘어서 자연을 파괴할 수 있으나, 예술적 활동성은 자연의 파괴와 무관하다.

요컨대 예술적 활동성의 과정에 관한 한, 감정은 자극을 불러일으키고, 자극은 열광하게 하며, 이러한 자극으로부터 상상력이 예술의 원형을 산출한 후 이에 대한 신중한 숙고가 예술 작품을 낳는다. 따라서 예술은 기분이나 감정으로 환원되는 것만이 아니라 기분에서 나오는 자유로운 산출로도 환원된다. 예술에서 감정과 기분이 중요한 만큼 내적으로 작품의 원형을 조성하고 창작하는 자유로운 산출도 중요하다. 자유로운 산출은 '소리'와 '운동'으로, '형상'(Bild)과 '사상'으로 나타난다. 여기서 예술 장르의 각 부분이 등장한다. 음악, 무언극, 조형예술, 시문학이 그것이다. 감정의 자극은 개인적이지만, 자극으로부터 조성된 원형은 보편적이다. 구체적인 예술 장르의 공유와 전달은 자극의 개인성에 기인하지 않고 원형의 보편성에 기인한다. 예술 작품을 개성적 보편으로 규정하는 것은 예술적 활동성의 과정을 이렇게 설명할 때 가능하다.

그러나 예술적 활동성의 세 단계가 생략되고 자극이 곧바로 표현으로 이어지면 아무런 예술 작품도 형성될 수 없다. 자극이 아무런 조성 과정 없이 곧바로 표현되면 예술이 아닌 몰(沒)예술로 귀결된다. 기쁨에 겨워 높이 도약한다든지, 분노를 이기지 못해 광란적 행위를 한다든지, 놀라움에 대해 소리 지르는 것은 예술 작품이 될 수 없다. 원형을 형태화하는 조성 과정이 있으나 아무런 자극이 없는 경우는 예술적 산출의 과정이라기보다 습작의 과정이다. 근원적 열광이 부족하고 노련한 창작 재능만 발휘된다면 예술은 변종 되고 타락하며, 자극과 창작 능력까지 없으면 예술이 아니라 기계적인 작업에 그친다. 따라서 이 세 단계는 슐라이어마허 예술 이론을 구성하는 핵심 요소이다.

3. 종교적 감정과 예술 종교

예술이 종교적 감정과 기분에 뿌리를 두고 있다는 슐라이어마허의 주장은 자연스럽게 '예술 종교'에 대한 논의로 이어진다. 예술의 근원을 이루는 감정은 유한한 세계에 그때그때 다르게 반응하는 쾌·불쾌의 감정이 아니라, 유한자의 지평을 넘어서 있는 무한자에 대한 감정이다. 무한자에 대한 감정이 모든 예술 활동성의 토대라면. 예술은 예술 종교를 통해 구체화 되고 분절화될 수 있다.

슐라이어마허와 더불어 헤겔과 초기 낭만주의자들도 예술 종교에 대해 천착한다. 헤겔은 예술 종교를 정신의 과거 형태 가운데 하나로 간주하며 특히 고전적–그리스적 고대의 현상으로 파악한다. 그의 『정신현상학』은 절대정신의 전개 과정을 예술 종교–계시종교–절대지(철학)로 규정한다. 철학이 의식의 현재성을 대변한다면 예술 종교와 계시종교는 의식의 과거 형태에 지나지 않는다. 헤겔은 그리스 예술 종교 가운데서 종교적 직관과 예술적 묘사의 결합을 발견하는 반면 계시종교에서는 이 둘의 분리를 파악한다. 기독교의 종교적 내용을 적절하게 묘사하는 예술 작품이 없으며 기독교 자체가 이러한 결합을 거부한다는 것이다. 계시종교에서는 성스러움과 아름다움이 분리되어 있다.

이와 달리 낭만주의자들은 예술 종교를 통해 종교를 둘러싸고 있는 당시의 부정적 상황을 극복하려고 하며, 심지어 예술 종교를 통해 전혀 새로운 종교의 건립을 시도한다. 슐라이어마허가 예술 종교를 구상하던 1800년 전후 초기 낭만주의자들은 다음의 몇 가지 점에서 예술 종교에 대해 적극적으로 사유한다(G. Scholtz, "Schleiermacher und die Kunstreli-gion"). 첫째, 초기 낭만주의자들은 종교적, 신화적 맥락을 지닌 고대의 작품을 현재화함으로써 과거의 예술 종교로 되돌아간다. 예컨대 박켄로더(Wackenroder)의 '예술을 사랑하는 수도원 형제'는 라파엘로와 고대 이탈리아 교회음악으로 되돌아간다. 이를 통해 그는 예술적 영감에 무지한 당시의 무미건조한 이론가들을 일깨우며 예술 작품 가운데 나타나 있는 신의 흔적을 전달하려고 한다.

둘째, 이들은 예술 종교를 통해 기독교 교회와 예술의 결합을 시도한다. 계몽주의가 팽배해 있는 시대에서는 종교를 갖는 것이 지성인의 부끄러움에 속하므로 종교는 교리 중심적인 방식을 벗어나야 했다. 이를 위한 대안은 종교가 예술의 도움을 받는 것이다. 이들은 교리 중심적인 계몽주의적 제의를 예술적 현상을 통해 변형시키려고 한다. 셋째, 이러한 노력에도 불구하고 교회의 제도가 예술 창작에 대해 편협한 태도를 가지거나 아예 무관심하다면 예술가는 새로운 교회를 건립할 수밖에 없다. 예술가에 의해 새롭게 건립된 교회는 '새로운 예술'이나 '새로운 신화'와 관련된다.

이 모든 것의 공통점은 종교에 대한 계몽주의의 위협으로부터 종교를 보호하고 이를 통해 무한자와의 관계를 상실하지 않으려 하는 것이다. 이로써 예술은 종교의 존속과 발전을 도우며, 종교는 예술에게 새로운 마당을 제공한다. 예술 종교 담론의 요점은 예술이 종교적 제의에 뿌리를 두며 종교는 예술을 통해 존속된다는 데 있다.

슐라이어마허의 예술 종교 개념은 초기 낭만주의자들의 그것과 일치하지 않는다. 그도 계몽주의의 이성 종교에 맞서서 예술 종교를 중요하게 고려하지만, 예술 종교를 통해 종교와 예술의 결합을 의도하지는 않는다. 그는 시인이나 예술가들에 의해 시도된 예술 종교에 전적으로 동의하지 않으며, 기독교와 예술의 결합이 꽃피었던 중세를 동경하지도 않는다. 전혀 새로운 시대를 지향하는 그는 심미적 직관과 연관된 종교를 염두에 두며 종교성에 근간을 두고 있는 예술을 시도한다. 어디까지나 종교성이 앞서며 예술은 종교성의 토대 위에서 마련될 수 있을 뿐이다.

이것은 예술과 종교의 연대(連帶)로 나타나는 심미주의이며 그 구체적 형태는 예술 종교이다. 예술과 종교의 연대는 무엇보다 계몽주의에 대한 반발에서 나온다. 계몽주의는 유한자에만 몰두하고 유한자에 대한 오성적 파악과 실천에만 관심을 기울이기 때문이다. 무한자에의 관심 없이 존립할 수 없는 종교는 예술과 연대함으로써 계몽주의의 종교 비판에 효과적으로 대응하려고 한다. 종교와 예술의 연대를 실질적으로 가능하게 하는 것은 양자가 공유하는 심미주의인 것이다.

종교와 심미주의의 연관은 다음의 문장에 잘 나타나 있다. "실천은 예술이요 사변은 학문이며 종교는 무한자에 대한 느낌과 취향이다."(『종교론』) "참된 학문은 완성된 직관이며, 참된 실천은 자기 산출적 형성과 예술이고, 참된 종교는 무한자에 대한 느낌과 취향이다."(『기독교 신앙』)

이 인용문은 형이상학(이론), 도덕(실천), 종교의 엄격한 구별과 자립성을 강조한다. 형이상학이나 선험철학을 가능하게 하는 이론이성, 도덕을 정초하는 의지, 종교의 본질을 이루는 직관과 감정은 서로 예리하게 구별되어야 하며 각각 독자성을 유지해야 한다. 이들 부문은 서로 분리될 때 각각의 특수성을 드러낼 수 있다면 혼합되고 의존적일 때 그 내용을 손상하고 왜곡한다. 예술을 실천으로 규정한 것은 예술을 예술적 활동성으로부터 설명하는 한 단면인데, 여기서 중요한 것은 '자기 산출적 형성'이다. 예술의 형성은 심미적이며, 심미적 형성은 전혀 새로운 형성이고 근원적 형성이다. 이러한 형성은 종교적 감정에 근거한다. '무한자에 대한 느낌과 취향'으로 규정되는 종교는 종교적 교리나 종교 제도에 선행하는 무한자와의 직접적 접촉과 체험을 강조한다. 무한자에 대한 직접적 접촉은 아무런 인간적 매개를 거치지 않은 근원적인 것이며 접촉의 주체가 고유하게 체험하는 독자적인 것이다. 따라서 예술 종교는 무한자에 대한 직접적인 접촉을 통해 근원적으로 생기(生起)하는 감정으로부터 전혀 새롭게 형성된 심미적인 것이다.

　요컨대 슐라이어마허에게 예술 종교는 종교적 감정에 대한 예술적 분절화이다. 잘 알려진 바와 같이 슐라이어마허가 파악하는 종교의 본질은 '직관'과 '감정'이다. 종교적 직관과 감정은 유한한 경험 세계를 대상으로 하는 감성적 직관(칸트)과 무한한 자아를 대상으로 하는 지적 직관(피히테)을 넘어간다. 전자에서는 무한성이 결핍되어 있고 후자에서는 객관성이 결여되어 있다. 슐라이어마허는 내적으로뿐 아니라 외적으로 무한한 세계를 직관의 대상으로 삼으며 이것이 감정에 남기는 흔적을 중시한다. 이런 맥락에서 슐라이어마허의 종교적 감정은 경험적 직관을 넘어서는 거대한 경험을 인정한다는 점에서 칸트의 숭고 감정과 유사하다. 숭고는 "특정한 관심에 귀속되지 않는 만족을 산출"하는 것으로서 "절대적으로 숭고한 대상은 신"이며 "일월 성신도 세계로서 신과 마찬가지로 숭고하다."(Ästhetik) 종교적 감정의 대상은 외적으로 무한한 대우주이며 내적으로는 무한한 소우주이다.

　종교의 본질을 무한자에 대한 직관과 감정으로 규정하는 슐라이어마허는 여기서 직관의 형식을 세 가지로 구별한다. 첫째, 무한자에 대한 직관은 동양의 신비주의에서 나타나는 '자기 직관'이다. 이것은 자기 명상을 통해 형성되는 내적 세계의 무한성과 근원성이다. 둘째는 이집트의 다신주의에 나타나는 '자연 직관'이다. 무한한 자연은 직관하는 존재에게 다양한 방식으로 각인된다. 슐라이어마허가 완성된 직관의 형태로 간주하는 직관은 자기 직관과 자연 직관을 쉼 없이 왕래하면서 이 둘을 최고의 방식으로 통합하는 예술이다. 슐라이어마허는 이것에다 '예술 종교'라는 이름을 붙인다. 예술 종교는 내적 무한성과 외적 무한성의 통합으로서 전혀 새롭게 형성된 예술 작품이다. 예술 종교는 무한자를 미신과 몰감각적 신화로 변형시키는 왜곡된 종교와 근본적으로 구별된다.

슐라이어마허에게 미신과 신화는 종교의 왜곡에 대한 일반적인 예증으로 거론되는 것 이상이다. 미신과 신화는 '계몽주의와 종교의 잘못된 조합'에서 발생한다. 직관되는 무한자가 직관하는 유한자에게 끼치는 영향을 수동적으로 수용하는 것이 종교임에도, 무한자의 본질을 이론적으로 파헤치고 서술하려고 하면 신화에 빠져들며, 종교적 감정을 충동질하여 임의적인 행위로 옮기려 하면 미신에 빠져든다. 슐라이어마허는 무한자에 대한 적극적인 앎과 행위에서 발생하는 종교의 왜곡을 극복하고 새롭고 찬란한 형태의 종교를 재건하려고 하며 예술 종교를 통해 종교의 부활을 실현하려고 한다. 무한자에 대한 이론과 실천의 왜곡된 시도를 예술 종교를 통해 극복하려고 하는 것이다. 여기서 예술과 종교는 이론과 실천의 진정한 매개자가 된다.

슐라이어마허의 예술 종교 개념의 핵심 요소로 거론되는 직관과 감정은 무한자에 대한 감각이다. 여기서 '종교적 감각'과 '예술 감각'

(Kunstsinn)이 구별되어야 하며 각각의 특징이 밝혀져야 한다. 종교적 감각의 특성은 종교를 '무한자에 대한 느낌과 취향'으로 규정하는 데 잘 드러나 있다. 종교는 종교적 감각을 통해 그때마다 고유한 방식으로 무한자를 맛보는 것이며 여기서 전혀 새롭고 근원적인 무한자의 규정을 얻는 것이다. 이것은 종교의 생명이며 종교를 소유한 사람이 맛보는 기쁨의 근원이다. 매 순간 무한자를 맛볼 수 없는 사람은 종교를 소유한 사람으로 간주할 수 없으며 그로부터 살아있는 종교적 삶을 기대하는 것은 불가능하다. 종교는 무한자를 직관하는 것이며 그 결과 무한자에 대한 '절대 의존감정'을 갖는 것이다. 이렇게 무한자를 자기만의 방식으로 소유한 사람은 무한자에 대한 자기 나름의 규정을 가지며, 이는 종교를 소유한 사람에 의해 전혀 새롭게 형성된다. 이런 점에서 종교는 '세계를 예술 작품으로 만든 것'이다(『종교론』).

예술 감각은 '취미' 및 '예술 충동'과 함께 쓰인다. 취미와 예술 충동을 유발하는 것은 개별자이다. 종교적 감각과 예술 감각의 제일 큰 차이는 전자가 무한자에 대한 직관인 반면 후자는 개별자에 대한 직관이라는 데 있다. 종교적 감각은 무한자의 흔적을 소유하는 반면, 예술 감각은 종교적 감각이 갖는 무한자의 흔적을 개별적으로 묘사하고 전달한다. 이러한 묘사와 전달을 위해 개별자에 대한 직관이 필요하다. 예술 감각이 종교적 감각과 결합할 때 예술과 종교의 만남이 이루어지며 여기서 예술 종교가 발생한다. 이렇게 본다면 예술 종교는 무한자에 대한 종교적 감각이 예술적으로 형태화되고 묘사된 것이다. 여기서 무한자는 심미적 방식으로 드러난다.

예술은 예술 이외의 다른 방식으로는 접촉될 수 없는 존재나 세계를 심미적인 방식으로 드러내 보여준다. 하이데거에서도 예술 작품은 '존재자의 존재'와 '존재자의 진리'를 드러낸다. 따라서 예술 종교는 다른 방식으로는 경험될 수 없는 절대자와 존재 자체에 이르는 통로이다. 여기서 절대자는 예술 작품으로 나타나며 예술적으로 현시된다. 예술적으로 현시되는 절대자는 보편적인 학문의 체계를 이룰 수 없으며 모든 경우에 똑같이 재현할 수 있는 개념으로 포착할 수 없다. 예술 종교의 절대자는 그 자체가 개별적이며 실존적이어서 이를 소유하지 못하는 타자에 대해 늘 비밀스럽게 남아있다. 절대자는 비밀스럽기는 하나 종교를 소유한 사람에게 예술적으로 체험될 수 있다. 예술 종교는 이것 이상을 의도하지 않는다. 모든 것이 사고를 통해 합리적으로 설명되며 행위를 통해 규범적으로 실행되는 데서는 더 이상의 새로움이 존재하지 않는다. 이에 반해 무한자와 개별자에 열려있는 종교와 예술은 늘 새로울 수 있다.

인간의 심정 가운데 무한자가 동반하는 순간은 최고의 새로움과 무한한 기쁨의 시간이다. 이러한 기쁨의 감정은 교리와 신학 이전의 것이며 교회적, 사회적 제도와 제의를 앞질러 간다. 이러한 기쁨의 순간은 늘 살아서 작용하는 생동적인 시간이므로 그 자체가 신비적 사건이다. 그러나 이러한 순간을 포착하는 능력은 냉철한 지성이 아니라 예민한 감각과 상상력이다. 신비적인 것의 짝은 지성이 아니라 예민한 감각, 상상력, 직관이다. 상상력은 전체 존재를 직관하기 때문에 신비적이며 초월적인 사건도 그 자체로 받아들일 수 있다. 이런 점에서 "상상력은 인간 가운데 있는 최고의 것, 가장 근원적인 것이다."(『종교론』) 이에 반해 모든 것을 분석적으로 파악하는 지성은 전체를 직접적으로 파악하는 상상력에 대한 반성이다. 직관과 상상력은 대상과 직접적으로 접촉하면서 이를 생생하게 체험하려 한다면 지성은 이러한 체험을 개념화하려고 한다.

무한자를 마음 가운데서 예감하고 맛보는 것은 새로운 창조와 기쁨으로 충만한 만족이다. 이러한 종교적 감정은 조화와 완전 화음의 극치로서 말과 문자 이전의 상태이다. 슐라이어마허는 종교가 가져다 주는 이러한 마음의 울림과 감동을 음악적 감정과 비교한다. 아름다운 내적 의식이 기쁨이라면, 이 감정은 말에 앞서 소리로 나타난다. 이것은 말을 위한 소리가 아니라 기쁨을 표현하는 본래의 소리이다. 이런 맥락에서 "종교적 감정과 가장 유사한 것은 음악"(『성탄 축제』)이다. 음악에서는 예술 감각을 통해 소리를 포착하고 이를 조화롭게 표현하는 것이 중요하다. 이는 무한자와 고유하게 접촉하는 가운데 그가 남기는 흔적으로부터 청명한 기쁨과 조용한 만족의 조화를 맛보는 종교적 감정과 유사한 것이다. 종교와 음악은 기쁨의 감동에서 하나이다. 이런 점에서 음악은 오로지 종교적 영역에서 완성된다.

더 나아가 종교와 음악은 서로를 고양하기 때문에 확고하게 결합해야 한다. 종교적 감동은 경건의 표현을 위해 음악을 요구하며, 음악은 최고의 조화를 표현하기 위해 무한자와 관계하는 종교를 요구한다. 따라서 마음에 감동을 주는 최고의 음악은 종교음악이며, 이런 이유로 종교음악은 제의나 설교보다 더 큰 감동을 줄 수 있다. 종교적 감동은 외적 제의나 교리에 있다기보다 마음에 있기 때문이다.

슐라이어마허는 (종교)음악을 통해 예술 종교의 구체적인 형태를 보여주고 있다. 이것은 헤겔이 고대 그리스적 현상으로 파악한 예술 종교보다 발전된 것이다. 그리스적 현상은 주로 조각에 나타난다면 슐라이어마허의 예술 종교는 음악을 통해 나타나기 때문이다. 음악에서는 내면의 운동이 있다면, 조각에서는 이것이 결핍되어 있다. 음악은 감정의 직접적 표현이라면 조각은 감정이 매개된 표상의 표현이다. 직접적인 내적 운동성은 근원적 새로움이 일어날 수 있는 조건이다.

슐라이어마허의 미학
: 1819년 강의 및 1832/33년 강의 난외 주석

2026년 3월 5일 처음 펴냄

지은이   프리드리히 슐라이어마허
옮긴이   최신한
펴낸이   김영호
펴낸곳   도서출판 동연
등록   제1-1383호(1992년 6월 12일)
주소   서울시 마포구 월드컵로 163-3
전화/팩스   02-335-2630 / 02-335-2640
이메일   yh4321@gmail.com
인스타그램   instagram.com/dongyeon_press

ISBN 979-11-7611-015-0 03100